保险应该这样买

尹娜／著

中国宇航出版社
·北京·

图书在版编目（CIP）数据

保险应该这样买 / 尹娜著. -- 北京 : 中国宇航出版社, 2021.10（2022.10重印）
ISBN 978-7-5159-1969-0

Ⅰ. ①保… Ⅱ. ①尹… Ⅲ. ①保险－基本知识 Ⅳ. ①F84

中国版本图书馆CIP数据核字(2021)第172326号

策划编辑　白希国
责任编辑　白希国　　封面设计　李　松

出　版
发　行　中国宇航出版社
社　址　北京市阜成路8号　　邮　编　100830
（010）68768548
网　址　www.caphbook.com
经　销　新华书店
发行部　（010）68767386　　（010）68371900
（010）68767382　　（010）88100613（传真）
零售店　读者服务部
（010）68371105
承　印　三河市君旺印务有限公司
版　次　2021年10月第1版　　2022年10月第2次印刷
规　格　710×1000　　开　本　1/16
印　张　16.25　　字　数　230千字
书　号　ISBN 978-7-5159-1969-0
定　价　49.00元

保险的意义，只是今天作明天的准备；生时作死时的准备；父母作儿女的准备；儿女幼小时作儿女长大时的准备；如此而已。

今天预备明天，这是真稳健；生时预备死时，这是真旷达；父母预备儿女，这是真慈爱。能做到这三步的人，才能算作是现代人。

——胡适

推荐序

在市场经济条件下，商业保险是国民转移风险的最为传统有效的措施。投保人如何选择最为合适的保险产品？保险经纪人如何为被保险人选择合适的保险产品？保险公司或保险代理人如何根据被保险人的需要销售保险产品？如何把握保险经营关键环节，达到有效保障？尹娜女士所著的《保险应该这样买》一书做了系统、全面的论述。该书基于作者扎实的经济学及保险学理论功底，从保险需求者的身份了解保险、认知保险、认可保险；其后，又从保险消费者委托人的角度系统对比研究各类保险产品，在10多年金融从业经历的基础上，结合大量案例，完成了这部既有理论基础又有实践指导价值的优秀著作。

该著作是保险经纪人从业经验的总结和概括，其特点主要体现在：第一，分不同人群选择保险产品，使保险产品作用的发挥更具针对性和有效性；第二，强调投保和索赔应注意的事项，具有操作性；第三，用多类案例说明问题，使人触类旁通，开阔视野；第四，语言通俗易懂，以身边的故事引入保险案例，上升到保险理论，让人阅读时仿若涓涓流水，润入心扉，深入脑海，是一部有利于提升国民整体保险意识，即投保人的投保意识、保险人的保险功能意识、政府的保险认知意识的优秀著作。

我国从1980年恢复国内保险业务以来，保费收入已从4.6

亿元增加到2020年的45 257.34亿元，在全球保险业的地位已从2001年的第13位上升到2017年的第2位，并维持了这一地位。保险公司数量从1980年的1家，增长到2001年的52家，2020年的238家。保险市场已经从寡头垄断型向垄断竞争型转变。

一个发达的保险市场，必有一个发达的保险中介市场作后盾。保险中介可提高交易效率，降低交易成本，促进市场竞争,改进保险服务质量,提升保险业的社会公信力。近年来，我国保险中介市场得到快速发展，2005年保险中介公司的数量为1 790家，2020年则增长为2 650家。其中，保险代理公司、保险经纪公司、保险公估公司分别为1 761家、497家、391家。此外，还有兼业代理机构3.2万个，兼业代理点22余万个，个人保险代理人约900万人。保险代理人与经纪人展业收入约占全部保费收入的87.4%。一个多元化的保险营销渠道基本形成：陌生拜访，固守传统；网络销售，快速成长；电话销售，逐步认可；银行保险，卷土重来。

与此同时，保险产品也得到极大丰富。人身保险业务所占比重从1982年恢复期的0.16%上升到1996年的42.39%、1997年的55.53%、2020年的73.64%。其中，寿险业务从2001年的90.39%逐步降低到2020年的71.96%，意外伤害保险从5.26%降低到3.53%，健康保险则从4.35%上升到24.52%。在广义的寿险业务方面，传统型寿险业务所占比重正在逐步下降，创新型寿险业务已占大部分。在养老保障方面，商业养老保险正逐步成为社会养老保险、企业年金或职业年金之后三大支柱中的一个十分重要的支柱。多样化的保险产品正在最大限度地满足人们日益增长的保险保障需要。

伟大的理论源于伟大的实践，又反过来指导实践。中国伟大的保险实践需要伟大的保险理论指导，中国的保险理论源于保险实践，被实践检验，并指导实践，在实践中不断丰富和完善。

正是在我国保险业飞速发展的背景下，我国的保险理论得到了极大丰富，该著作就是在伟大保险实践中总结得到的杰出作品之一。该书是一本耐人寻味、值得反复品读的佳作：既有很多故事，又能通过故事体会到深刻的保险理论；既有理论，又与实务高度结合，将保险理论融于实务之中，并从保险实务中回味保险理论。让初学者感到深入浅出，让研究者补充保险实务，开拓思路，让实务者明了方向。

总之，如果说过去的改革使我国成为保险大国，那么随着保险理论的不断完善，我国迈入“民法典时代”，以文化为基础、高科技为手段、民法典为载体的保险服务化，将是我国保险业发展的新增长点，将使我国实现从保险大国向保险强国的迈进。

北京工商大学保险研究中心主任、北京保险学会副会长

自　序

2009 年，我从中国人民大学硕士毕业，和很多校友一样，进入了金融行业。在当时的择业观念中，银行、投行、会计师事务所等都是不错的金融类工作，大家从来没把保险当作一个备选。即便有人进入保险行业，也是知名大型险企管理培训生或是进入再保险公司。保险业务员，那是给找不到工作的人准备的。作为中国人民大学毕业生，即便找不到工作，也不会考虑这样的工作。可是 10 年之后，我竟从某四大国有银行辞职，转型做保险经纪人。更意外的是，熟悉我的同事说："以前你就一直那么喜欢研究保险，转型也是'命中注定'啊。"

我大学期间就读于商学院，学了经济学、金融学和商学课程，老师最关心的是怎么让我们找到好工作，但没有人教我们怎么打理将来就业后赚到的钱。走入社会后才知道，人生有这么多风险。怎么在风浪中，保住父母多年支持、自己 10 多年寒窗苦读、拼命加班才挣来的生活品质不滑坡，原来是一门学问，这门学问需要有人专门研究。

记得 2011 年我和老公刚度完蜜月回来，俩人坐在沙发上，掰着手指头算计：买房、装修几乎把工作几年的积蓄掏空，手里就剩下两万多元钱，万一谁有个病灾，刚啃老买的房子就得卖掉，折腾了 3 个多月的装修岂不是白费？

要不，咱俩就买个保险吧。我给某知名保险公司客服打了电话，第二天就来了一位大姐，给我俩每人办了 15 万元保额重疾险。

那时候我不懂重疾险都保哪些大病，也不知道 15 万元保额有多大作用，甚至，我都不知道我所担心的那些场景，是不是有重疾险就够了。那位业务员大姐只是告诉我得病就赔。我也觉得这么大的保险公司，应该不至于见死不救。一年后，给我老妈买保险时就没这么容易了。那位业务员大姐查出来我妈的保费给我看时，我吓了一大跳，太贵了，承担不起。再一说我妈的身体情况，大姐连连摆手，买不了、买不了。她劝我给我妈买个分红理财险，虽然我不懂保险，但我看明白了那个分红保险的条款，根本解决不了生病问题啊。

既然她解决不了，我就撸起袖子自己干。我把能叫得上名来的保险公司官网产品研究了一遍，打客服联系到业务员，挨个会见。又逛各种理财、保险论坛，了解了很多叫不上名来的保险公司。比对产品、打客服、会见业务员，每次会见我都带着我妈的病历。最后，经过 3 个多月的努力，终于给我妈买上一款医疗险。因为这段经历，两年后我第一次遇到一位保险经纪人（现在是我的领导）时，便毫不犹豫地选择了他，因为他对各家保险公司的产品都很熟悉，驾轻就熟的服务姿态和非常具有竞争力的方案征服了我。

原以为身在国有银行的我，会终身致力于追求各种层级的“行长”头衔，没想到之后会成为一名保险经纪人，并且入职当年就达成 MDRT（美国寿险百万圆桌会员），第二年就达成 TOT（美国寿险百万圆桌顶尖会员）。TOT 是这个行业万里挑一的荣誉。荣誉，自然人人都喜欢，但帮客户解决问题后的成就感更让人愉悦。

进入保险行业，我的专业能力不断提升，然后发现很多人都知道保险是必须的，但并不知道保险应该怎么配置，甚至没有人告诉他们保险能解决哪些问题。

比如，有的家庭保额严重不足——家庭年收入四五十万元，经济支柱却只配置了 20 万元保额的重疾险。试想：三口之家，肯定不会买 20 平方米的房子，因为不够住。但是买保险的时候，很多人却忽视了够不够用的问题。正所谓“向赔而保”，晴天买伞也要买能挡雨的。

再如，有些客户像我第一次买保险时一样，以为他听过的公司就是保障本身，根本没注意合同条款上怎么写。还有的客户是炒股高手，认为年金保险的收益率太低，不值得投资，却忽视了保险在“资产保障”方面的独特优势。当我和他们谈到孩子的教育、他自己的养老、孩子的婚前财富保全等问题时，才知道保险的功能原来如此独一无二。

从银行离职时，曾以为自己是从高大上的金融圈离开了。但做了两年保险业务和保险科普公众号“尹娜”后，我更确信，保险是人人都需要的金融服务。现在买保险的渠道太多了，保险产品也太多了。我们面临的问题，不再是“买不买保险”，而是“怎么买保险”：买什么保险品种，买多少额度，花多少钱，具体产品怎么挑选，购买时有什么注意事项，将来理赔怎么办，等等。我花了将近两年时间研究这些问题，并应用到几百个家庭的保障规划中。

从 2019 年开始，我在公众号“尹娜”持续输出有关如何买保险的内容，很多客户找到我时，会告诉我他们已经在我的公众号“自学”了几篇文章，但公众号文章毕竟篇幅有限，粉丝也很难系统地“自学”。过完 2021 年春节，我觉得是时候把之前在公众号，以及帮客户做规划时所输出的内容做个系统性的整理，方便大家参考，于是有了这本书。

本书第一章，是写给没买过保险的人，告诉大家投保之前需要考虑的问题：家庭是否需要保险，需要哪些保险，应遵循哪些配置思路，买保险如何避开“坑”，身体有问题如何买保险，买保险都有哪些渠道，等等。

第二章、第三章、第四章分别介绍成年人（家庭经济支柱）、孩子、老人的保险如何配置。这 3 章也是本书的重头戏，涵盖了一个家庭中关于不同家庭成员的风险解决方案，大家既可以通读，也可以根据自己最关心的风险阅读其中某一章节的内容。

第五章介绍投保时的注意事项，比如是否需要参加体检，是否要附加“投保人豁免险”，如何指定受益人。

第六章帮助大家了解投保后如何保障自己的利益，不因忘记交费而丧失保障权益，不因理赔手续出错而发生理赔损失。

第七章是家庭保障规划案例，以城市中产家庭为主，分别介绍了年收入 30 万元的单身人士、年收入 60 万元的四口之家、年收入 100 万元的三口之家、年收入 150 万元的三口之家和年收入 200 万元的三口之家如何规划充足的保障。所做规划均以保额充足、保费适度为原则。大家可以根据自身家庭情况做出适当调整。此外，本章还给出了一个高净值家庭的财富传承规划，其实也适用于进入财富传承阶段的中产家庭。

第八章则针对平时客户提出较多的问题进行解答，比如投保人是否可以更改，保险公司拒赔怎么办，业务员离职是否影响理赔，搬家或移民是否影响理赔，通货膨胀导致保额不够怎么办，等等。

如果你想买保险，又不知道怎么下手，那么除了咨询资深专业的保险从业者之外，直接阅读这本书就是最好的选择。希望我读过的书、写过的字、走过的路、看过的人，能在工作、生活中帮助到大家。

尹娜

2021 年 6 月

目　录

第三章　从零开始，护航子女一生平安

第四章　买对保险，帮助父母安度晚年

第五章　投保中，如何实现利益最大化

第六章　投保之后，如何确保顺利理赔

第七章　家庭保障规划案例

第八章　快问快答，解决用户常见困惑

第一章

投保之前，需要考虑好这些问题

我家需要买保险吗

亲爱的朋友，当你拿起这本书，翻到这一页的时候，你的保险意识已经超越了大部分人。但你或许依然有些疑虑：我家人都已经有社保了，还需要自己买保险吗？

大家来思考以下几个问题。

1. 你给每位家人准备了多少治病费用

为什么要给每位家人准备治病费用呢？社保不是能报销吗？

社保并不能报销全部的医疗费。大家来看某家寿险公司公布的理赔案例：王先生因重型再生障碍性贫血进行了移植手术，住院花费 28.37 万元，社会医疗保险仅报销了 7.4 万元，剩余的 20.97 万元为自费项目。这就是大家需要自己准备好治病费用的原因。

所幸王先生 3 年前买了某商业医疗险，保险公司将自费部分全额报销。

《国家基本医疗保险、工伤保险和生育保险药品目录》中登记在册的药物有 2 000 余种，而国内上市药品有 16 万余种，属于医保报销范围的占比不足 2%。复旦大学青年教师于娟在患乳腺癌后写的《此生未完成》一书中，提到治疗乳腺癌的靶向药赫赛汀，每瓶 2.5 万元，而且不进医保，完全现金支付，一瓶只能用 21 天。丈夫和父母为了给她治病筹钱，卖掉了北京和山东老家的房子。当然，现在赫赛汀已进入医保，但仍有大量药品不在医保内。

有人或许会想：我正值壮年，怎么可能患上大病？

于娟患乳腺癌时年仅 32 岁，上面理赔案例中的王先生也很年轻。重大疾病并不仅仅青睐身体虚弱的老年人和儿童。平安人寿发布的 2020 年理赔年报显示，在理赔重大疾病的人群中，60岁以上老人占比只有6%，93%都是18～60岁的人群。根据明亚保险经纪北京分公司2020年的重疾理赔报告，理赔重疾险的人中，31～50岁人群占比达到74%，50岁以上人群占比19%。

医学技术越来越进步，很多病都有治愈的机会，但每一种治疗方案都有风险，特别是大病，没有哪个医生会拍着胸脯说一定能治好。那么，还要不要花大量的钱去救治呢？于娟在《此生未完成》中这么说："金贵银贵不如命贵，癌症病人和家属是最缺钱的，但是却最舍得花钱。若是你对癌症病人说花钱能买命，不要说病人自己，病人家属就会立即卖血剜肉割肾换了钱捧给你。"

大家不知道会遇上什么风险，更不知道风险会降临在哪位家人身上，所以需要在社保之外，给家人配置商业医疗险。最普通的百万医疗险，每年只要花费几百元保费，就可以报销几百万元的医疗费用。再好点的中高端医疗险，可以让大家享受特需部、国际部、海外医院等更好的就医品质。

2. 如果不工作，你还有收入吗

上有年迈的父母，下有年幼的孩子，顶着房贷、生活开销、课外班费用等多重压力，有多少打工人是停不下来的？如果家庭收入要靠你付出时间、精力去获得，试想，发生大病、伤残风险需要治病、养病、养伤时，不能工作怎么办？孩子的学费、家庭的日常支出、房贷等，这些是否有着落？如果发生更极端的风险，再也不能为家庭贡献收入，家人的生活会怎么样？

招商信诺人寿保险的官方公众号有这样一则理赔案例：D先生从事儿童教育工作，是家庭经济支柱，有一对可爱的双胞胎女儿，一家人其乐融融。2019年11月，D先生因为车祸不幸身故。由于D先生之前投保了保额153万元的意外险，家属获得意外身故理赔金153万元。

153万元身故理赔金，虽然对于养育两个女儿来说不算多，但可能相当于D先生妻子10来年的收入，能在很大程度上减轻妻子负担。如果有房贷、车贷，妻子可以用理赔金还上贷款，减少负债带来的经济压力。试想，假如没有这笔保险赔偿金，D 先生的妻子该如何承担生活重负，孩子们的学业是否会受到影响？

谁都不知道明天和意外哪个会先来，提前做好防范措施，不仅是给自己的保障，更是给家人撑起一顶防护伞。

下面这 3 种保险可以用来弥补收入损失。

一是重疾险。发生重疾，一次性赔付一笔钱，用来支付治病、养病期间的生活支出。

二是意外险。发生意外伤残或身故，一次性赔付一笔钱，用来养伤或维持家人生活。

三是寿险。家庭经济支柱离世，一次性赔付一笔钱，帮家人渡过难关。

3. 花钱的大项目，你都准备好了吗

如果大家已经用保险解决了大病、伤残风险，那么剩下的两个花钱大项，一是养育孩子，二是照顾老年后的自己。凡事预则立，不预则废，如果不提前准备，可能会陷入意想不到的窘境。

《爸爸去哪儿》中的演员张亮，15 岁之前爸爸做煤矿生意，家里很有钱。当时，张亮每个月的零用钱都有 3 000 元，而那时普通工人的月薪才 900 元。后来爸爸重疾住院，公司破产，马上要读高中的张亮被迫辍学去饭店打工，起初工资只有 1 000 多元，还不够小时候的零花钱。

父母要未雨绸缪，提前为孩子准备好教育费用，并且专款专用，保证孩子顺利完成学业，不必在本该读书的年纪辛苦谋生。很多父母从孩子一出生就着手准备将来读高中、大学的教育金。教育金最重要的就是“确定性”，孩子需要用这笔钱支付学费时，钱就在那里，不因父母挪用而空账，不因投资失败而减少。银行理财、股票、基金、保险，这些理财工具里，最能保证专款专用，并且本金和收益都安全、确定的工具，就是教育金保险。

除了子女教育费用，个人养老费用也需要提前储备。

到 2019 年北京地区人均寿命已达 82.3 岁，据《柳叶刀》杂志上发表的一份研究报告，如果按照当前人类健康趋势，预计 2040 年全球男性和女性人均寿命会增加 4.4 岁。人均寿命增加，意味着老龄化加重。根据第七次全国人口普查数据，中国 60 岁以上老年人口为 2.64 亿人，占比 18%。预计十四五期间（2021 年—2025 年）老年人口将超过 3 亿人，到 2050 年老年人口将达到 4.87 亿人，占总人口的 1/3。深度老龄化社会将伴随 80 后、90 后的全部退休生涯。

老龄化越深入，社会基本养老体系压力越大。根据社科院发布的《中国养老金精算报告 2019—2050》，中国养老金账户结余将于 2035 年左右耗尽，届时进入真正的“现收现付”阶段，年轻人交费，老年人领钱，年轻人越来越少，老人越来越多，能领到的养老金越来越少。

世界劳工组织公布的养老金替代率警戒线是 55%。养老金替代率是指一个人退休时的养老金和退休前的收入水平比。假如退休前的月收入是 1 万元，退休后的养老金起码要达到 5 500 元，低于这个数字，生活质量将大打折扣。

中国的养老金替代率是多少呢？根据中国社会科学院发布的《社会保障绿皮书：中国社会保障发展报告（2019）》，目前平均只有 45% 左右。随着老人越来越多，缴纳社保的年轻人越来越少，替代率必然会越来越低。从 2021 年两会提出延迟退休方案也可以看出，我国的社会养老金储备面临很大压力。全世界人口老龄化最严重的日本，有一部轰动社会的纪录片《老人漂流社会——“老后破产”的现实》，“没想到老后会过成这样”，这是片中很多老人忍不住感叹的一句话。

非常期盼未来依靠科技发展、鼓励生育等措施，能够保持经济和社会活力，避免出现像日本一样的养老困境。但最该对大家的老年生活负责的是自己。年轻时给自己准备充足的养老金，给老年的自己留一点后路。

储备养老金，可以用很多种方式，有很多工具，其中保险是最具有规划性的——现在交一定的保费，能准确知道未来领取多少养老金，也是最具有安全性的——现金流源源不断并且本金绝对安全。

所以，需不需要保险，要看有没有风险。有风险，并且没有其他承担方法，就需要保险。只是对于不同家庭来说，需要的保险类型、保障额度不同罢了。

家庭保障，应遵循哪些配置思路

1. 先保大人，还是先保孩子

很多朋友是从有了孩子开始了解保险的，父母总是想把最好的东西先给孩子，所以保险也被列入了孕妈们的囤货清单。年轻的爸爸妈妈们觉得孩子刚出生，身体比较弱，比大人更需要保险，并且孩子将来的路还很长，更需要提前做好规划。

给孩子买了保险，万一孩子发生风险，父母可以依靠保险的力量，更好地救治孩子，抚养孩子平安长大，这自然很重要。但是，孩子最大的风险来自父母。

在某社区网站，有一位35岁的重庆男士想要卖掉重庆南岸海棠溪的房子。他卖房的原因是自己得了尿毒症，如果有规律地做肾透析治疗，可以多活十几年。他要把自己多年打拼在重庆按揭购买的房子卖掉，换一个小的，腾出来的钱用来治病，因为他的女儿才1岁，他想陪女儿长大，不想这么早就离开家人。

保险，更多时候不是为自己买的，而是为家人买的。因为，当大家躺在病床上的时候，为大家的医药费、生活开支奔波的，是家人。孩子的保险，是给父母买的——孩子生病时，能减轻父母的经济压力。大人的保险，是给配偶和孩子买的——自己生病时，能减轻配偶的经济压力，让孩子的生活不受影响，继续享受父母的爱。

只要父母健在，有劳动能力，孩子发生风险，总可以想办法筹钱救治。如果父母发生风险，孩子没有能力救父母，更没有能力养活自己。所以，跟家庭其他资源分配的原则不同，买保险，应该优先考虑大人。所谓“优先”，不是说先给大人买，后给孩子买，而是说如果保费预算有限，应该多向大人倾斜。

有一位西部地区的朋友，两年前孩子刚出生时，先给孩子买了份保险。她家庭年收入 20 万元，孩子的保费总共花了两万多元，等到想给大人配置保险时，发现预算不足了。后来，我帮她重新做了规划，家庭总保费预算 3 万元，大人占 2.7 万元，孩子只占 3 000 元。但之前给孩子买的保险需要退掉，沉没成本还是挺高的。如果她两年前就以家庭为单位做规划，就不会发生这种尴尬情况了。

2. 家庭成员分别需要哪些类型的保险

（1）对于家庭经济支柱。

第一，为自己配置人身险，用医疗险来解决看病费用或提升医疗品质，用重疾险、意外险、寿险来解决大病、伤残、身故带来的收入损失，保障家人生活品质。

第二，用养老年金保险，为老年后的自己准备充足的养老费用。

第三，做好储蓄和投资，平衡家庭资产配置，以年金保险作为保本、保收益的资金配置，实现家庭资产稳健增值，为家人创造更好的生活。

（2）对于孩子。

第一，配置人身险，用医疗险解决看病费用或医疗品质，用重疾险、意外险来解决孩子发生大病、伤残给父母带来的收入损失。

第二，用年金保险，为孩子储备充足的教育费用，确保孩子受教育的权利。

第三，用年金保险和终身寿险，为孩子做好婚前财富保全和财富传承。

（3）对于老人。

第一，根据身体情况配置人身险，如医疗险、重疾险和意外险。

第二，视需求可以用年金保险帮助父母补充养老费用，或锁定养老社区入住资格。

第三，用寿险或年金保险实现家族财富顺利传承。

“世界上没有相同的两片叶子”，也没有完全一样的两个家庭。所以，现阶段每个家庭到底要给谁买保险、配置哪些险种、购买多少保额，需要根据家庭成员的身体情况、资产状况、收入支出情况、对未来的规划等，具体分析。

3. 保费占家庭收入多大比例合适

当有人问我买保险的钱应该占家庭年收入的多大比例时，我就知道没有人给他做过系统性的规划和分析。

好比每个家庭在食物、衣服上花的钱占家庭收入比例不同，买保险的钱所占家庭收入比例，每个家庭也是不一样的。先看家庭风险缺口，再看解决问题需要多少钱，这是科学配置思路。

花多少钱，不是看大家想花多少，也不是参考朋友家的占比是多少，而是看自己家的情况，需要花多少钱能解决风险。花不花在自己，风险来不来，谁都掌控不了。其实，这也不算是“花钱”，很多保险品种，只不过是资产的一种规划形式罢了。

如果把保险作为风险解决工具，将它作为家庭财务规划的一部分来考虑，保费占比多少就不是一个机械性、格式化的问题了。

比如：一个朋友年收入 40 万元，却“花”200 万元买了某只基金。他为什么不按照年收入的一定比例去买基金呢？因为这是他家的财务规划，不仅涉及增量财富——年收入，还涉及存量财富。

买保险当然也是财务规划。家庭资金是否需要在不同的理财工具上分散配置？股票是利用风险赚钱，而风险也可能带来损失。能对抗风险损失的工具——保险，地位本就和股票相同。

所以，大家应该用一部分钱负责博取高收益（比如股票），用一部分钱负责稳住大盘（比如银行理财和年金保险）；用一部分钱负责“赢”（比如股票、基金、银行理财），用一部分钱负责“不输”（比如健康险、年金险）。

既然买股票和买保险是同级别的财务规划，那么，为什么一个按照家庭资产比例做规划，一个按照年收入比例做规划呢？

当然，对于一般工薪家庭，规划保费的时候需要遵循一个基本原则：保费的上限，以不影响家庭正常生活开支为宜。

4．“先保障，后年金”，这个买保险的顺序对吗

经常有人问这个问题，是不是应该先把健康险规划好，再规划年金险。甚至还有保险从业人员在网络文章中将这一条作为买保险的基本“原则”。这听起来头头是道,实则除了帮客户“减轻心理压力”——在这次规划中少“花”点钱外，并没有实用价值。

买保险就是为了解决风险，大家买保险可以有先后，但风险并不会按照既定的顺序出场。大家可以说某种风险发生的概率更大，比如重疾比意外事故概率大，但谁也没把握准确断定哪一种风险先来。

（1）回归初心，为什么买保险。

关于“为什么买保险”，每一位朋友都能给出自己的理由：为了看得起病、养得起伤，为了储备孩子的教育金，为了更好地养老，等等（如图 1–1 所示）。是的，保险的主要功能就是在这些风险来临时，给家庭提供现金流，让全家人的生活质量不至于严重下降。

解决风险是大家买保险的初衷。比如，购买重疾险是为了生大病不能工作时，能有一笔钱弥补收入损失，支付家人的生活费用，给自己几年时间养病恢复。但如果真得了重疾，会不会影响孩子上大学的计划呢？

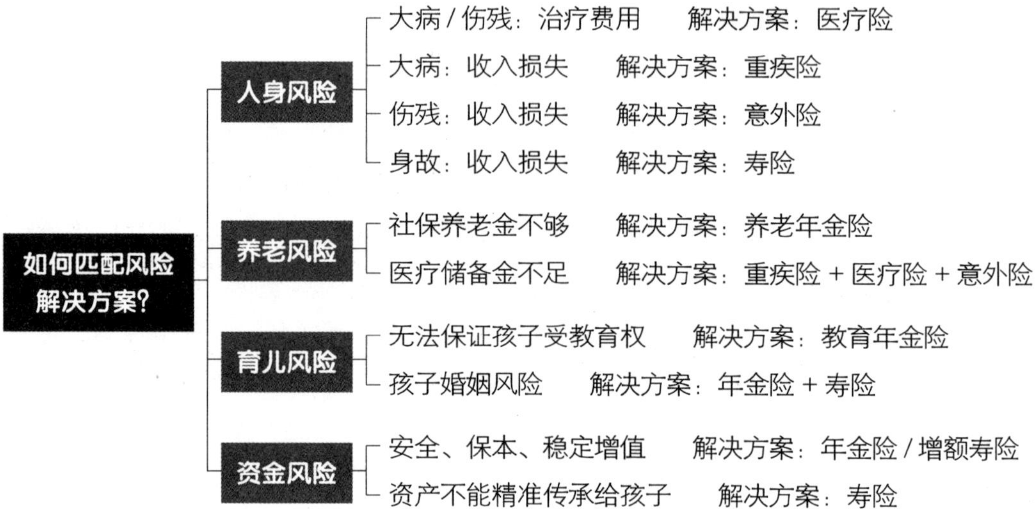

图 1–1　风险解决方案

泰康人寿官方网站曾经发布过这样一则理赔案例：金先生在出差途中，乘坐的汽车坠入山谷，金先生当场死亡。他生前为自己购买了意外险、寿险、重疾险，还为儿子购买了教育年金保险，每年交保费 18 530 元，到出险时已交了两年保费，金先生的家人获得理赔金 160 万元。同时，由于孩子的教育金保险有保费豁免功能，豁免了其后 15.6 万元保费。

保险公司赔付的 160 万元身故金由金先生的太太打理，相信一位母亲一定会拼尽全力供孩子读书。但对她来说，今后的生活必然不容易。她或许独自养大孩子，或许会改嫁，总归这 160 万元放在银行卡里，会有太多去处。而那份教育年金保险则一定能专门用来支付孩子上学读书的费用。在未来的十几年，这份保单会把父爱和教育费一起带给孩子。尽管父亲不在了，少了一个依靠，但孩子读书受教育的权利不会受到影响。

（2）没人知道，哪种风险先来。

明天来的，如果不是重疾，而是窘迫的老年呢？《世界卫生统计 2018》显示，中国人口平均寿命约 76.4 岁，排名第 52 位，较之前有所提升。位列前 10 的都是发达国家：日本、瑞士、西班牙、法国、新加坡、澳大利亚……其中，排名第一的日本人均寿命为84.2岁。

医学技术进步，物质生活改善，对于绝大多数人来说，不管重疾来不来，老年阶段都会来。“先买重疾险，后买养老金”的思路真的是“原则”吗？

至少一半的客户都会问我这个问题：“重疾险能用来养老吗？我70多岁时要是没发生重疾，能把钱取出来花掉吗？”当然可以，只是别忘了重疾险的功能，它是用来解决大病风险的，发生重疾时它可以发挥100分的功力，但作为养老时，功力只有50分。解决长寿风险，要靠养老年金险来提供持续不断的现金流。

保险的功能，就是对抗风险损失。健康险和年金险解决不同的风险，如果保费预算暂时有限，险种配置可以有先后。但风险的来临不一定按照买保险的顺序，所以很难说先买哪个，后买哪个。每个家庭都应该系统、科学地分析家庭风险，制定解决方案。

买保险的“坑”有哪些，如何避免

有客户跟我说，几年前买某保险，买贵了，很“坑”；也有客户说，买了某款保险，保障责任太少，很“坑”。但我认为买贵了、买了保障责任不够多的产品，这都不算“坑”，只是没有“聪明”地买保险罢了。保险真正的“坑”只有两个：一是出风险时赔不到，二是赔的钱杯水车薪。

1．最大的坑——出风险时赔不到

这种情况是大部分投保者最担心的。但是，大家要了解，之所以出风险时赔不到钱，绝大多数情况下不是因为保险公司推诿塞责，而是因为购买保险的过程出了问题。

（1）买错产品。

比如，买了意外险，发生疾病不能赔。某位客户买了一份意外险，后来患上白血病，意外险是不能赔的。因为意外险保障的是意外事故造成的风险，意外事故是外来突发事件，不包括自身原因患病。

再比如，买驾乘意外险，赔不了烧伤。经常有客户在配置意外险时说：“我开车比较多，买份驾乘意外险就行了，不想买综合意外险了。”

驾乘意外险只能赔付自驾车交通事故，而综合意外险可以赔付所有意外事故造成的经济损失。比如家里发生火灾被烧伤，或是溺水身故，如果买的是驾乘意外险，肯定是不能得到赔付的；但如果买的是综合意外险，那么将由保险公司按照合同规定的保额来赔付。

（2）买健康险不如实告知。

购买医疗险、重疾险、寿险时，保险公司都会要求客户填写健康问卷。但是，有些客户在网上投保，随便点开链接，不仔细阅读问卷内容就直接点击下一步；或者线下投保时被业务员误导，或者自己心存侥幸，都有可能导致不如实告知。

比如，我有一位客户，她有先天性心脏病——室间隔缺损，3 年前在某银行购买了一款重疾险。购买时，她跟理财经理提到自己做过室间隔缺损手术，并且术后仍有心脏彩超异常。理财经理问：“你现在心脏感觉怎么样？”客户说：“没什么感觉。”理财经理说：“那就没事儿，买吧。”

客户买完保险后，心里一直担心这事儿，害怕这份保险白买了，于是找我咨询。我遍询明亚保险经纪的几十家合作商，只有两家可以对她的情况承保，并且是要除外心脏瓣膜疾病的。其他公司的核保结论都是拒保，如果不告知而强行买入，将来理赔时很可能会有纠纷。

所以买健康险时务必高度重视如实告知。

2. 不小的坑：保额杯水车薪

比如，一位客户曾经把他的保单拿给我看，他十几年前就开始买保险，保险意识非常好，但是保额却不够用：住院费用报销额度 3 000 元 / 次，手术费用报销额度 3 000 元 / 次，住院津贴 50 元 / 日……这种额度，遇到大病，可能连“杯水车薪”都算不上。

再比如，年收入 100 万元，重疾险只买 50 万元保额，一旦发生重疾，赔付的 50 万元还不够弥补一年的收入，仅够家庭一年左右的生活开销。如果是恢复快的病还好，如果是癌症、心肌梗死这样的大病，需要休息几年时间，理赔金远远不够用。

所以说，买保险时一定要考虑好保障额度够不够用。而大家考虑家庭保险额度时，底线就是：在发生风险后，要保证家庭的生活水平不会因为收入损失而显著下降。

买保险，应该选公司还是选产品

10 年前我第一次买重疾险时，选择了一家自己特别熟悉的保险公司，买完之后连合同都没看，心里却很踏实：这么大的公司，我要是发生风险了，总不能不管我吧？现在回想起来禁不住想笑。保险合同是商业合同，怎么可能因为我是客户，就什么都管呢？

15 年前，有一位朋友在某家非常知名的保险公司买了一份重疾险，那时候的产品只保重疾——比如癌症、心脏搭桥手术，不保轻度重疾——比如原位癌、心脏支架手术。前两年，他做了个心脏支架手术，想理赔，保险公司告诉他：合同里不保障心脏支架手术，所以不能赔。再知名的保险公司也是商业机构，要按合同理赔。现在，绝大多数重疾险都保障心脏支架手术了，即便再不知名的公司，只要合同条款里保障心脏支架手术，他的情况也能理赔。

所以买保险时，一定要先看合同条款，了解清楚合同中规定的保障责任怎么样。保险公司再好，对于条款里没有规定的保障责任，也是不会赔偿的。比如，一款重疾险产品中规定：“重疾赔付之后，合同终止。”那么，当一个人得了急性心肌梗塞，获得重疾理赔金后，合同就终止了。如果几年后他又做了心脏搭桥手术，还能再拿着合同找保险公司理赔吗？对于保险公司来说，这是“理所当然”不赔的。即便告到法院，也不赔。

如果保险合同中规定：“若被保险人自首次重疾确诊之日起1年后，再次确诊其他重疾，我们将按基本保险金额给付第二次重度疾病保险金。”那么，对于几年后的心脏搭桥手术，就是“理所当然”的赔付。

有些保险业务员会利用中国人习惯相信“人情”而非“契约”的弱点，宣称“公司想尽办法给客户理赔，合同上没写的，也尽量赔”。比如，有些公司在意外险的合同条款里写的医院范围是“公立医院”，而在实际理赔中，去私立医院也可以报销。这就给客户营造出一种“买了这家公司的保险，什么都能赔”的错觉。

即便有这样赔付的案例，也都是超出契约之外的，不是“理所当然”的，对客户来说不是确定性的利益。一旦公司经营风格、市场策略有变化，这些偶发的、额外的“恩惠”就会不复存在。

买保险就是大家和保险公司之间的交易，商业社会成熟的标志就是靠“契约精神”来约束交易。有了明确的合同条款，大家交了费，出险后理直气壮地找保险公司，按照条款理赔，而不需要对保险公司“感恩戴德”。

先看条款，后看公司，就是“先小人、后君子”。首先要最大化“理所当然”的利益，然后在此基础上，寻找服务意识较好的公司，这是锦上添花。如果条款不行，指望保险公司多多“通融”，就是捡了芝麻丢了西瓜。

当然，保险行业终归是个服务行业，大家买的就是服务——理赔服务、增值医疗服务等。所以，购买保险要兼顾服务品质，特别是保费支出较多，或者将来理赔涉及金额较大，或者保障期限较长的产品，比如重疾险、医疗险。

例如买重疾险，为什么不是只看合同条款呢？因为虽然有合同，维护契约精神也是有成本的。我以前在银行工作时，领导曾说：“我们银行放贷款，一定要找信得过的贷款人，信不过的人，就算肯签10%利率的贷款合同，我们都不要。”买保险也是，不要因为过分追求保费便宜，完全不管保险公司的服务能力。

我的同事，公众号“寻保侠”的作者小侠，接受过一位客户 Y 女士的理赔咨询。Y 女士在某平台买了重疾险，由于购买时没有告知“乳腺炎”的既往病史，在患甲状腺癌之后被拒赔。虽然 Y 女士在购买阶段有错在先，但这种不影响重疾险承保，且与甲状腺癌无关的病史，不应该成为甲状腺癌拒赔的理由。

Y 女士向监管部门投诉，由于不属于经营违规，而是属于民事纠纷，监管部门请 Y 女士去法院诉讼解决。然而，在大病期间，病人本需静养，诉讼需要的时间、精力、能量成本都很高。后来，Y 女士找到小侠，在小侠指导下向保险公司进行了申诉，拿到了全额理赔。虽然结果是好的，但理赔过程不可避免地给病人带来了不必要的烦扰。

这样的拒赔案例其实很少，绝大多数保险公司是愿意痛快理赔的，因为每一笔理赔都是一次低成本的广告宣传，获得理赔的客户会帮助保险公司扩大知名度。但作为个例，算概率是没有意义的，落到自己头上就是“一万”，不是“万一”。

所以，在合同条款有优势的前提下，选择那些服务意识好、服务实力强的保险公司，是最稳妥的。在买保险时，应该考虑“木桶理论”。如果一份保险的“木桶”是由保障责任、保费、公司服务实力 3 块板子共同构成的，那么就要尽力拉长每一块板，让木桶装下更多的水。在微观经济学中，这就是所谓的“帕累托改进”。

对于中产或高净值客户，保费预算不那么紧张，比较在意品牌和服务，建议在品牌服务好的公司里，选择保障责任更强的，实现“帕累托改进”，甚至“帕累托最优”。如果在意品牌和服务，同时又想追求更高保额，可以在保费较低的产品和“帕累托最优”的产品里各配置一部分。如果预算确实紧张，建议先把预算集中在产品这块木板上，待以后收入提升，预算宽裕了，如果身体条件还可以，再加保服务比较好的。

身体有问题，还能买到保险吗

买人身险（重疾险、医疗险、寿险，以及部分意外险）时，保险公司都会有健康问卷，询问客户身体情况如何，以决定是否承保。为什么要问被保险人的身体情况呢？因为被保险人现在的身体情况如何，直接关系到将来发生重疾的概率，也就关系到保险公司赔付的概率。

比如，跟心脏完全正常的客户相比，一位心脏有异常的客户，将来发生心脏类大病的概率肯定会更高。所以，对于现在心脏已经有异常的客户，保险公司需要评估这种异常是否会显著增加心脏类重疾的概率。如果会，保险公司就可能不同意承保这位客户（拒保），或者对这位客户的保单增加保费（加费），或者延期至客户心脏恢复正常再投保（延期）。

《中华人民共和国保险法》（以下简称《保险法》）明确规定，在订立合同时，投保人对已知的情况有如实告知义务，如故意不如实告知，保险公司有权解除合同。理赔纠纷，很多与未如实告知有关。

根据《保险法》第十六条规定：

订立保险合同，保险人就保险标的或者被保险人的有关情况提出询问的，投保人应当如实告知。投保人故意或者因重大过失未履行前款规定的如实告知义务，足以影响保险人决定是否同意承保或者提高保险费率的，保险人有权解除合同。

投保人故意不履行如实告知义务的，保险人对于合同解除前发生的保险事故，不承担赔偿或者给付保险金的责任，并不退还保险费。

《保险法》司法解释（二）第五条规定：

保险合同订立时，投保人明知的与保险标的或者被保险人有关的情况，属于保险法第十六条第一款规定的投保人“应当如实告知”的内容。

所以，在投保健康险之前，对照保险公司的健康问卷，好好梳理一遍自己的健康情况，并做好如实告知，既是订立商业合同的需要，也是为了维护自己的理赔权益。

1．如何做好健康告知

不少客户疑惑：做好健康告知，是过往所有的就医经历都要告知保险公司吗？比如：拔过智齿要告知吗？肺炎发烧在门诊打过点滴要告知吗？小时候住院做过阑尾手术要告知吗？根据我的经验，这 3 种情况，绝大多数保险公司的重疾险、寿险都不会询问，所以基本都无须告知；医疗险可能会问，也可能不问。但具体问题要具体分析，以保险公司的健康问卷为准。

做健康告知遵循以下 3 个原则。

（1）问什么答什么。

在中国大陆买保险采用有限告知原则，保险公司问到的问题就回答，没问到的不回答。

《保险法》第十六条规定：

订立保险合同，保险人就保险标的或者被保险人的有关情况提出询问的，投保人应当如实告知。

《保险法》司法解释（二）第六条规定：

投保人的告知义务限于保险人询问的范围和内容。

所以，大家梳理健康情况，是针对保险公司问到的问题；保险公司没有问到的问题，则不用回答。

（2）概括性问题不用答。

如果保险公司对投保人的健康问询，没有提出明确、具体的询问，比如“除上述问题之外，您有没有其他疾病”这样的询问，是无效的，大家不用管它。

因为《保险法》司法解释（二）第六条明确规定：“保险人以投保人违反了对投保单询问表中所列概括性条款的如实告知义务为由请求解除合同的，人民法院不予支持。但该概括性条款有具体内容的除外。”

（3）健康告知必须提交病历吗？

一般来说，健康告知要提交病历，用来作为保险公司的核保依据。投保人交了病历，也避免了自己记忆与实际情况有偏差，导致未能做好如实告知，给将来理赔留下隐患。

根据我国《医疗机构病历管理规定》，门诊病历最少保存 15 年，住院病历保存不少于 30 年。所以，即使自己的病历找不到了，一般也可以到医院重新打印、复印。

当然，具体操作过程中，也要区分疾病严重程度，有的可以采取变通方式。比如，一过性的肺炎住院，其后已经康复，病历已经丢失，保险公司问到了，说明病历丢失，描述清楚发病时间、住院时长、治疗过程和结果即可。

2. 哪些问题会被拒保

有朋友身体出了问题才想到买保险，他们最担心的就是被保险公司拒保。如果已经有了较严重的问题，的确会被拒保。我经历的陪客户被重疾险拒保的案例包括：较大肝结节、宫颈原位癌、变大的肺结节、糖尿病、尿潜血等。

一般来说，保险公司的核保标准大同小异，比如对高血压、冠心病患者或者得过癌症的客户，都不接受投保重疾险、医疗险。但如果不是已经确诊大病等原则性问题，可以通过“加费”“除外”方式承保，一些不影响健康险核保的小问题，可以“标准体”承保。

保险公司针对重疾险的 5 种核保结果。

一是标准体。身体情况较好，保险合同生效并过了等待期后，得了保险合同中规定的任一种重疾，都可以赔付。身体情况好，不一定是完全没看过病、体检报告中完全没有任何问题，而是这些问题都是小问题，不会增加重疾风险。比如，一过性肺炎，或者体检报告显示有乳腺增生，买重疾险一般可以标准体承保。

二是加费。身体有些问题，但不是很严重，比如血压轻微偏高、心脏尖瓣轻度反流等，保险公司认为重疾风险比健康人高，因此在标准保费的基础上多收一些保费承保。保险合同生效并过了等待期后，得了保险合同中规定的任一种重疾，也都可以赔付。

三是除外。身体有些问题，并且保险公司认为引发某些重疾的可能性很高，比如甲状腺结节、乳腺结节，会除外甲状腺癌（和原位癌）、乳腺癌（和原位癌）承保，保险合同生效并过了等待期后，得了甲状腺癌、乳腺癌，不能赔付；得了其他重疾可以赔付。

四是延期。暂时不能接受投保，比如肝部有性质不明的阴影，或是不明原因的淋巴结肿大，保险公司无法判断有多大风险，要求客户明确疾病原因、性质后再来投保，或是观察一段时间（比如3个月、6个月），看身体情况如何再投保。

五是拒保。保险公司认为身体情况不好，引发重疾的风险较大，比如有客户动脉粥样硬化，或是肝上有较大结节，保险公司不能接受投保申请。

针对医疗险，一般是标准体、除外、延期、拒保，很少有加费的。针对寿险，一般是标准体、加费、延期、拒保，很少有除外的。另外，有些网络上售卖的产品，不设置"智能核保"或人工核保，如果健康情况不符合健康问卷，就会直接拒保，没有加费、除外这样的核保可能。

虽然基本的核保原则是一致的，但设置了人工核保的各家保险公司，对具体问题的处理不尽相同。比如，我有位客户血压偏高，帮他询问了数十家保险公司，大部分给出的结论都是拒保，但有一家给予加费承保。所以多试几家公司，可以提高投保成功的概率。

就不同险种来说，医疗险核保一般比重疾险严格。比如我的体检报告中有乳腺增生，投保重疾险是“标准体”，投保医疗险则被除外乳腺类疾病。

3. 身体异常，怎么买保险

以现在社会的工作压力和体检的频次，完全没有异常的人很少，只是异常项目多少、轻重的区别罢了。那么，身体有异常，该怎么买保险呢?

（1）选择最优核保结果。

首先，看有没有可能以标准体承保。这主要适用于身体问题不严重的情况。比如，某位客户有肝血管瘤，3 厘米大，很多保险公司都可以标准体承保，无须加费，也不会除外肝部疾病。这类客户有选择权，在众多产品中选择保障责任、保费都合意的即可。

其次，优先选择在合理范围内加费承保的产品。这主要适用于略严重的情况。比如，某位客户体重指数 32，有中度脂肪肝，尿酸还偏高。过度肥胖容易引发一系列的心血管及代谢系统疾病，有些保险公司拒保，有些保险公司可以加费 15% 承保。

加费承保虽然提高了保费标准，但合同中所列的全部疾病都能保障，相当于提高成本保全了品质，比“除外承保”好很多。

最后，不能加费承保，选择除外承保。这主要适用于较严重的情况。这里的较严重，指的是引发大病风险的概率。

比如，某位客户患有甲状腺结节，无论是体检还是到三甲医院做复查，医生都说没事儿，每年复查一次即可。但从保险公司核保角度看，相比没有甲状腺结节的人，有甲状腺结节的人患甲状腺恶性肿瘤的风险大得多，所以重疾险、医疗险都会除外甲状腺疾病承保。这项风险，就只能自己承担了。

再比如，一位客户做过先天性心脏室间隔缺损手术，最新心脏彩超显示有三尖瓣轻度反流，投保重疾险时，大部分保险公司拒保，有两家可以除外心脏瓣膜疾病承保。这已经是最好的核保结果了。

（2）如何寻找最优核保结果。

一是预核保。

这主要适合体况较复杂的客户。一般来说，大家先投保，保险公司收到投保申请单及病历资料后，才核保。但有的保险公司提供预核保服务，在申请投保之前，先把体检报告、病历交给保险公司，保险公司先给出可能的核保结论，大家满意再投保。预核保可以避免留下被拒保、延期的记录。

但不是所有公司的预核保都非常准确，因为有的保险公司做预核保的是运营部门，而不是核保部门，所以发生过预核保通过后实际核保时被拒保的情况。

明亚保险经纪公司上线了“核保前置”系统，有很多合作的保险公司参与其中，由保险公司的核保部门对客户情况来做预核保，核保结论对保险公司有约束性，这才真正把预核保做实了。如果做“核保前置”时通过了保险公司核保，投保时将“核保前置”的结果作为附件，即可按照“核保前置”结果承保。

二是多家投保。

多找几家保险公司，同时投保，哪家核保结果好，就选择哪家。自己同时对接多家公司会比较麻烦，如果有专业的经纪人服务，那么对客户来说只是多签几个字的问题，就会方便很多。

买保险都有哪些渠道

近些年，人们的保险意识越来越强。很多人想买保险，却不知道通过什么渠道购买比较好。这里，我就帮大家详细梳理一下，买保险都有哪些渠道。

1. 保险代理人渠道

什么是保险代理人？很多人可能以为保险代理人是保险公司员工，其实不是。根据《保险法》第一百一十七条，“保险代理人是根据保险人的委托，向保险人收取佣金，并在保险人授权的范围内代为办理保险业务的机构或者个人”。

我在进入明亚保险经纪公司之前，就曾在友邦保险做保险代理人。我通过相关资格考试后，友邦向中国银行保险监督管理委员会（以下简称“银保监会”）做了报备，然后我和友邦保险签订了一份代理协议，从而具备了销售这家公司保险产品的资格。

监管规定，保险代理人只能和一家保险公司签代理协议，并且只能销售这一家保险公司的产品。比如，平安保险公司的保险代理人只能销售平安保险公司的产品，太平洋保险公司的保险代理人，只能销售太平洋保险公司的产品。

保险代理人的优势是对本公司产品掌握较透彻，可以为投保人提供保全、理赔等服务。保险代理人制度从 20 世纪 90 年代引入国内，是目前市场占比最高的渠道。据统计，现在市场上有 900 万个人保险代理人。由于建立代理人渠道需要投入较高的成本，在市面上 100 家左右寿险公司中，有一部分公司已经不再建立自己的代理人渠道，而是通过保险经纪人、网络等渠道销售保险。

2. 保险经纪人渠道

我就是一名保险经纪人，我所在的明亚保险经纪是一家保险经纪公司。从法律角度讲，保险公司是“保险人”，保险经纪公司是“保险经纪人”。根据《保险法》第一百一十八条，“保险经纪人是基于投保人的利益，为投保人与保险人订立保险合同提供中介服务，并依法收取佣金的机构”。

所以，保险经纪公司可以理解为保险中介机构。它基于投保人——客户的利益，从自己合作的众多保险公司中挑选适合客户的产品，为客户和保险公司之间订立合同提供中介服务，从保险公司收取佣金。

和代理人渠道相比，保险经纪人渠道的产品线是很丰富的。以我所在的明亚保险经纪公司为例，签约的保险公司多达上百家。简言之，保险经纪公司可以销售多家保险公司的产品，保险经纪人可以根据不同客户的具体情况，做整体的保险规划，搭配不同公司的保险产品。

另外，后续的服务也由保险经纪公司和保险经纪人提供，比如保全、理赔等。根据银保监会统计，目前国内有 2 000 多家保险中介机构，从业人员有 300 万人。中国报告网公布的《2021 年中国保险中介行业分析报告——产业规模、现状与发展前景预测》中说："现阶段，虽然我国保险专业中介机构数量众多，但除了头部的少数公司以外，大多机构未发挥保险中介机构的专业水平，整体专业水平不高。"保险中介机构比保险公司数量还要多，但其中能投入较多财力、人力来做强专业、做好服务的并不多。当时，我选择明亚保险经纪公司作为职业平台的一个重要考量因素，就是公司的专业服务实力。

目前，国内保险中介渠道人数的占比约为 30%，而发达国家这一比例在 60%～70%。国内著名保险专家、北京工商大学保险研究中心主任王绪瑾教授在"保险业经济影响力的开发与提升"主题论坛上说："一个发达的保险市场必有一个发达的中介市场做后盾，因为保险中介会提高交易效率，保险中介尤其是经纪人可以促使保险公司提升保险服务质量。"

3. 互联网销售渠道

在如今的网络时代，互联网几乎可以覆盖人们生活的方方面面，购买保险也不例外。很多有资质的互联网平台，可以销售多家保险公司的产品。只要点开链接，输入个人信息，就可以完成投保，非常方便。

在这种触手可得的"方便"之下，也有一些风险需要注意。第一是购买环节。在网上购买一款健康险，如果有一些身体情况，一定要准确做好健康告知，研究清楚该不该告知、怎么告知。第二是后续服务。理赔时平台是否能派人提供专业支持和帮助，减轻客户心理焦虑，指导、帮助客户快速办理手续；如果发生纠纷，是否能利用专业优势，帮客户争取利益。

4. 银行保险渠道

银行保险渠道，简称"银保渠道"。银行帮助保险公司代销保险业务，收取代理手续费。一般一家银行网点会签约几家保险公司。

我以前在银行工作，入职保险行业之前也对银保渠道做过了解。对于银行来说，销售工作一般由银行网点的柜员或者理财经理负责，保险公司派人为银行负责销售的员工提供产品培训。

银行一般把保险和理财、基金等视为同类产品，销售中也以理财型保险为主，甚至有些做得不规范的银行，在销售时不会主动表明这是保险产品。

主动通过银保渠道购买保险的客户比较少，大部分是在银行窗口办理金融业务的过程中接收到产品推荐信息。在网上经常看到一些新闻，说老年人明明想去银行购买理财产品，却稀里糊涂地买成了保险。还有人跟我说，在银行买重疾险时没有做健康告知。其实，这些都是与银保渠道以“销售产品”为导向分不开的，一般来说，银行柜员或者理财经理不会给客户做需求层面的分析，制定符合客户家庭情况的保障方案。从银保渠道购买产品，如果后续发生理赔，一般也是由客户与保险公司直接联系，后期服务相对较弱。

按照监管要求，银行网点的理财经理需要定期轮换网点支行，虽然有助于银行防范存款、理财等方面的金融风险，但对于保险服务而言，人员频繁变动，很难对客户提供长期稳定的服务。

5. 电话销售渠道

可能很多人都接过销售保险的电话，虽然大家常常直接挂断，但在 10 多年前，对保险公司来说，电话销售是很重要的一种展业方式。配置保障需要结合身体情况、家庭情况来做具体分析，一般我给客户设计方案之前，至少要详细沟通 1～2 小时才行。电话销售以“产品”为导向，电话一通，就开始介绍产品——夸大其词的不在少数。

无论从哪个渠道购买保险，保险产品的价格都是由保险公司通过精算制定，并且报备银保监会，所以不会因为渠道不同而有保费加成。如果同一款产品在多个渠道售卖，那么保险合同、费率都是完全一样的。

第二章

家庭支柱如何为自己保障周全

医疗险：如何从容看病

医院里的慌张有两种，一种是治不好病，另一种是治不起病。而从容只有一种，就是医生能说到的，大家能做到。

协和医院急诊科的主治医生杜铁宽在《死亡如此多情》这本书中讲述了一位病人的故事。这是个女病人，50 多岁，患有慢性阻塞性肺病，病情一直反复。这种病基本不可逆转，无法治愈，只能在不好不坏之间停留，严重时要上呼吸机。病人求生欲望非常强烈，但因为用呼吸机费用很高，杜医生先和病人的丈夫沟通了病情和费用。这位丈夫表示，他知道这种病治不好，只能维持，然后去和妻子单独谈了许久。从那以后，那位女病人就不再说话了，杜医生查房时也不再总要求医生换药之类的。

后来这位丈夫告诉杜医生，他跟妻子说："你这个病是治不好的了，咱们家已经没钱了，再治下去就要把房子卖掉。"他问妻子，能不能把房子给他和女儿留下。他说："你肯定是要走的，但是你走了，我们连住的地方都没有了，可怎么办呢?"

也许，很多人会觉得这个丈夫的心可真够狠的。对比之下，《此生未完成》的作者——复旦大学的于娟老师患乳腺癌之后，丈夫毫不犹豫地跟医生说："您只管治病，别管经济能力，她的命好歹比一套房子值钱吧！"这的确让人非常感动。

杜医生说："大多数慢性病终末期的病人，如果不是家庭特别富裕，都会面临类似问题。不管花多少钱，总会有到极限的时候……费用会呈指数升高，每天花 1 万元钱都不算什么。"从家庭现实情况来看，大家会很理解这个狠心的丈夫。但从情感上，无论对于丈夫还是女儿，终归都留下了遗憾。

1. 有社保，还需要买医疗险吗

实际上，上面所说的这位女病人也是工薪阶层，应该也有社保。病人之所以在病情严重阶段放弃治疗，是因为社保的报销范围有限，自费部分金额过高，自己承担不起。

其实，我国的社会医疗保险做得非常不错，每年大家只需要缴纳很少的一部分钱，就可以报销几十万元的医疗费用。比如，北京市的社会基本医疗保险，个人只需要缴纳工资的 2%，每年最高可以报销 50 万元，而且连续缴纳 15 年之后，就可以终身享受。相比很多发达国家医疗费用过高、医保覆盖不足的情况，我们还是很幸福的。

但是，医保毕竟是“基础”的医疗保险，能解决基础需求，却不能解决所有的医疗问题。我国药品目录中，属于医保范围内的只是一小部分。虽然国家一直在努力扩大纳入医保目录的药品名单，但财政投入是有限的，不可能靠医保解决全国十几亿人口的一切医疗需求。

随着我国人口老龄化的加深，医保账户的负担越来越重。丁云生先生在他的《重疾不重》这本书里写道：“我曾跟北京友谊医院的朋友聊天，他说今年前 5 个月，友谊医院已经把医保基金给的全年指标份额用了 2/3。我问那下半年最后几个月怎么办？他说不知道，但是听说去年底曾经发生过有科室为此关病房 3 个月的事。”

解决“看病贵”问题不能只靠医保，还要有商业医疗保险作为补充。如果上面的慢性肺阻塞妻子有一份“百万医疗险”，就不必在“治”和“不治”中纠结了。

2. 医疗险如何解决“看病贵”问题

医疗险可以报销在医院发生的费用，包括住院费、门诊费等，报销范围不限于医保目录，社保报销后剩余的部分以及自费部分，都可以由商业医疗险报销。比如，上面案例中慢性肺阻塞病人使用呼吸机治疗的费用，社保不能报销，但商业医疗险可以报销。

这是中英人寿公布的一则理赔案例，被《中国银行保险报》评选为“2019—2020 年度影响力赔案”：2019 年 3 月，H 先生花费 283 元投保了百万医疗险，投保 3 个月后，吃夜宵后不幸突发急性胰腺炎，入院 2 天后病情迅速恶化，于 2019 年 7 月转入重症监护室抢救。经过两个半月的积极治疗，终于被医生从死亡线上拉回来，于 2019 年 9 月康复出院。H 先生两次住院共计花费医疗费用 113 万余元，社保报销 27 万余元，自费 85 万余元。

H 先生是家中独子，父母都是工薪阶层，家庭经济条件并不很好。85 万元的医疗费用，如果没有这份百万医疗险，要用父母辛苦攒了一辈子的积蓄来支付（可能还不够）。所幸他买了这份百万医疗险，在扣除掉 1 万元免赔额后，全额报销了剩余的 84 万余元医疗费用。

医疗险是报销性质的，怎么报销?

一是看合同条款中规定的医院范围是不是属于报销范围内的。比如，普通的百万医疗险，只能报销公立医院普通病房的费用，如果住特需部病房，费用是不能报销的。再比如，普通的百万医疗险只能报销住院费用，感冒发烧看门诊的费用是不能报销的。

二是看治疗费用花了多少，最多就报销多少，报销的钱不会超过总花费。

三是看合同中有没有免赔额度。比如，上面 H 先生的百万医疗险有 1 万元免赔，如果他的医疗费用不超过 1 万元，就不能报销，超过 1 万元的部分才报销。

四是看合同条款中规定的报销比例是多少，现在大部分产品都是 100% 报销。

3. 家庭经济支柱该如何规划医疗险

（1）医疗险产品有什么特点?

第一，大部分医疗险都属于短期险种。

按照保障期限，医疗险分为长期医疗险和短期医疗险。

目前市面上大部分都是短期险种，交一年保一年，投保时大家并不知道这份保障能持续到哪一年。这一点不像医保，交15年或20年，终身都可以享受；也不像重疾险，交满20年，终身保障。按照监管规定，短期医疗险不能承诺“保证续保”。

中国银保监会办公厅发布的《关于规范短期健康保险业务有关问题的通知》规定：

> 保险公司开发的短期健康保险产品中包含续保责任的，应当在保险条款中明确表述为“不保证续保”条款。不保证续保条款中至少应当包含以下内容：
>
> 本产品保险期间为一年（或不超过一年）。保险期间届满，投保人需要重新向保险公司申请投保本产品，并经保险人同意，交纳保险费，获得新的保险合同。
>
> 保险公司不得在短期健康保险产品条款、宣传材料中使用“自动续保”“承诺续保”“终身限额”等易与长期健康保险混淆的词句。

对于这种短期产品，如果停售了，就不能再交钱获得保障了。

还有一类是长期险种，含有“保证续保”条款，可以“保证续保”6年、15年或20年，即便产品停售了，还能续保，直到保证续保期限届满为止。这类产品目前很少。

第二，保费会逐渐上涨。

跟医保按照工资基数交费不一样，商业医疗险的保费是根据年龄和社会医疗费用水平来制定的，年龄越大，发生疾病的风险越高，保费成本越高；

医学技术越进步，医疗费用水平越高，保险赔付成本越高，保费也越高。比如，30岁时一份普通住院医疗险的费用是几百元，到60岁就需要两三千元了。

第三，对身体健康条件要求高。

不像医保是全民普惠性质的，商业医疗险要求第一次投保的人身体健康条件较好才能承保。有些身体问题，如单纯的肾结石，投保重疾险、寿险，可以正常承保，但投保医疗险，就要除外（部分高端医疗险可以作为既往症承保）。

从产品种类来看，普通医疗险核保最为严格，对所有的既往症（投保之前就已经有的疾病）都会除外，而高端医疗险核保稍宽松，如某位做过甲状腺癌手术的客户，所有的普通医疗险都无法投保，但部分高端医疗险可以除外甲状腺疾病承保，甚至有部分高端医疗险可以承保既往症。

第四，没有储蓄功能。

医疗险是消费性质的，如果没有发生理赔，保费就当“花钱保平安”消费掉了，不能返还。

（2）买什么类型的医疗险？

按照就医范围，医疗险可以分为3种类型：一是普通医疗险，报销公立医院普通部看病费用；二是中端医疗险，报销公立医院普通部、国际部、特需部看病费用；三是高端医疗险，报销公立医院普通部、国际部、特需部、私立医院、海外医院的看病费用。

这3类医疗险都可以解决“看病贵”问题，而中高端医疗险还可以解决“看病难”问题，提供更好的医疗品质，如表2-1所示。

现在市面上最常见的“百万医疗险”，就是普通住院医疗保险，对于三四十岁的年轻人，每年只需要缴纳几百元保费，就可以报销两三百万元的住院费用，不限制是否属于社保范围。百万医疗险就是典型的花小钱，解决大风险。

它有以下3个特点。

表 2-1　不同种类医疗险保障责任及保费示例

产品类型		高端医疗险			中端医疗险	普通医疗险
保障区域		全球任何国家和地区	中国大陆及港澳台	中国大陆及港澳台	大陆地区	大陆地区
医院范围		全球医院	公立医院普通部、特需部、国际部、私立医院（含昂贵医院）	公立医院普通部、特需部、国际部、私立医院（不含昂贵医院）	公立医院普通部、特需部、国际部	公立医院普通部
总报销额度		1 600 万元	1 000 万元	1 000 万元	200 万元	150 万元
免赔额		0 元	0 元	0 元	0 元	1 万元
保障内容	门诊	报销限额 8 万元	报销限额 4 万元	报销限额 4 万元	报销限额 3.5 万元	报销限额 1.5 万元
	一般住院医疗	100% 报销部分项目有限额	100% 报销部分项目有限额	100% 报销部分项目有限额	100% 报销部分项目有限额	100% 报销部分项目有限额
保费（30岁）	纯住院	13 485 元	9 405 元	6 584 元	2 046 元	503 元
	住院 + 门诊	36 543 元	22 209 元	16 938 元	8 688 元	1 778 元
保费（35岁）	纯住院	17 073 元	11 909 元	8 336 元	2 290 元	551 元
	住院 + 门诊	43 855 元	26 595 元	20 137 元	9 799 元	1 993 元

第一，专注大风险，不管小额医疗费用。

百万医疗险的报销额度很高，一般在 100 万元以上，能够解决大的医疗费用，但不能像医保那样，对几百元、几千元的门诊费用、小额住院费用进行报销。它只管住院费用，而且有 1 万元的免赔额，只能报销 1 万元以上的住院费用部分。如果想要“全方位、无死角”的保障，可以选择中高端医疗险，大部分中高端医疗险都可以 0 免赔、包含门诊责任。只有极少数普通医疗险可以做到 0 免赔、含门诊责任。

第二，保费较低。

30 来岁的年轻人，每年保费只有几百元，比社会基本医保的保费还要低很多，保额却高达上百万元。我经常跟客户说，只要是身体允许的中国人，都应该至少买份普通的百万医疗险，这样会减少 80% 的“因病致贫”悲剧。

第三，只能去公立医院的普通部住院。

比如，某款百万医疗险对“医院”的定义是“二级或以上的公立医院，但不包括医院特需部、特需病房、外宾病房、干部病房、VIP 病房、国际医疗部病房”。

高端医疗险，一般报销额度可达上千万元，而且可以实现保险公司与医院之间直接结算，不需要客户自己先付款再报销。高端医疗险根据就医区域（国内、国外、是否含美国）、医院选择（特需部 / 国际部、私立医院、昂贵医院）、保障责任（是否包含门诊、体检、牙科、孕产等），以及是否有免赔额，费用不同。

中端医疗险是介于普通医疗险和高端医疗险之间的品种，产品数量较少，一般是高端医疗险公司开发的产品，年度保额与百万医疗险差不多，约 100 万～200 万元，涵盖公立医院的特需部或国际部，可以自由选择是否包含门诊责任，会开放几家医院直付结算。

对于中产及高净值客户来说，“看病贵”和“看病难”问题同等重要，建议考虑中高端医疗险来同时解决费用和医疗品质需求。

我一位朋友的女儿两年前得了肺炎，如果在公立医院治疗，只需要几千元钱，而且社保能报销很大一部分，但在北京儿童医院、八一医院都找不到床位。后来去私立医院美中宜和住院一周，单间病房环境很好，没有交叉感染风险，妈妈和保姆一起陪床都睡得开，宝宝恢复很快，但一周就花了 6 万多元，全部自费。如果有高端医疗险，就可以直付结算。

高端医疗险不仅可以解决国内的医疗品质，更可以把全球医疗资源纳入考虑范围。明亚保险经纪公司官方视频号发布的一条视频《一位 30 岁宝妈的抗癌之路》中，介绍了明亚高端医疗险客户 D 女士的理赔案例：30 岁的 D 女士于 2019 年确诊乳腺癌后，前往全球知名医疗机构——新加坡百汇医疗实施个性化治疗方案，多次使用大陆还未批准上市的特效药品，取得非常不错的治疗效果，总计花费 158 万余元，其中在新加坡花费的 138 万余元全部由高端医疗险直付。

（3）买医疗险的注意事项。

第一，买医疗险最重要的就是做好健康告知。做好健康告知，是未来能顺利理赔的关键。很多理赔纠纷都和不如实告知有关。

第二，注意保障内容。普通医疗险大部分都不包括门诊责任，中高端医疗险则可以定制，视保费预算的充足程度来选择是否包含门诊责任。例如某款中端医疗险，30 岁女性，只包括住院责任的保费约为 2 000 元，同时包含门诊和住院责任的保费将近 9 000 元。再比如某款高端医疗险，30 岁女性，只包括大陆地区住院责任的保费约为 6 500 元，同时包含门诊和住院责任的保费约为 1.7 万元。如果再把就医地域扩展到全球任何国家，保费约为 3.6 万元。

第三，注意赔付方式。普通医疗险需要“先花钱后报销”，大额的医疗费用需要先自筹，待出院拿到发票后，再找保险公司报销。部分普通医疗险有“垫付”功能，住院时可以申请保险公司先进行垫付，缓解大额资金压力。而高端医疗险在网络内医院就医可以直付结算。中端医疗险，可直付的医院数量比高端医疗险要少很多。

第四，注意赔付限制。购买医疗险时要关注可报销的医院范围。普通医疗险只能报销二级及以上公立医院普通部的医疗费用，特需部、国际部不能报销。中端医疗险只能报销特需部（或国际部）费用，如果去私立医院，不能报销。高端医疗险可以报销私立医院费用，但要关注“昂贵医院”的范围，如果购买的是“不含昂贵医院”的保险，那么去昂贵医院就诊是不能报销的。

另外，购买普通医疗险时，要特别关注“有社保”和“无社保”的区别。所谓社保，包括新农合、城镇职工、城镇居民等所有属于政府社会保障体系内的医疗保障类型。如果选择有社保身份，保费会比“无社保”身份便宜很多。比如某普通医疗险，30 岁女性，保额 300 万元，“有社保”身份购买，每年保费 300 元；“无社保”身份购买，每年保费要 624 元。但将来就医时，“有社保”身份的，需要先使用社保卡结算，社保报销之后，商业医疗险才能报销，否则只能报销 60%。“无社保”身份的，则直接使用商业医疗险报销。

重疾险：因病失业怎么办

南非的伯纳德医生于 1983 年发明了重疾险，他目睹很多大病病人虽然可以治好病，但饱受生活压力折磨，甚至影响了寿命，所以联合保险公司开发了重疾险这一品种。伯纳德医生讲起自己医治过的一位 34 岁女病人，她得了肺癌，伯纳德医生给她做了肺部肿瘤切除手术，手术非常成功。伯纳德医生甚至夸口说：“目前你就像没有得过这个病一样。”但这位女病人两年后再来到伯纳德医生的诊所时，已是癌细胞全身转移状态，并且 2 个月后就去世了。

这位女病人说：“治疗让我花了很多钱和时间，我有两个孩子，我休息了，他们的生活怎么办？我需要为孩子们留下积蓄，为他们赚足生活费、房租还有教育基金。”她不敢放下工作，这导致她的寿命比预期短了很多……

得了大病，除了在医院要花钱，生活上也要花钱。有病人的家庭，往往比其他家庭要花更多的钱，因为病人需要更好的营养，还可能要做康复治疗。绝大部分中产家庭，需要用时间和劳动换收入。家庭经济支柱身患重病，就没办法工作了，家里少了一个人赚钱，却多了一笔支出。

对于有储蓄的家庭，储蓄可能在短时间内提供支撑，但消耗很快。对于没有储蓄的家庭，就面临很大的经济压力。在经济压力之下，病人无论带病上班还是在家养病，可能都处于一种焦虑状态，养病效果可想而知。重疾险的作用，就是赔付一笔钱，用来弥补病人不去上班带来的收入损失，帮助家庭支付生活费用，让病人安心养病。

1. 重疾险如何解决因病失业问题

跟医疗险用来报销医药费不同，重疾险会直接赔付一笔钱。比如，重疾险的“基本保险金额”是 200 万元，那么得了重疾，就直接获得保险公司一次性赔付的 200 万元。这 200 万元既可以用来求医问药，也可以用于给孩子交学费，给家里还房贷，怎么花由自己，因此重疾险可以弥补病人不上班期间的收入损失，保障家人的基本生活。在中国，重疾险的民间知名度要远高于医疗险、意外险、寿险，可能就是因为重疾险赔付的钱不仅能救命，使用自由度还很高。

重疾险和医疗险共同构筑了防范“大病致贫”的保障防线。下面是平安人寿官方公众号公布的一个重疾险理赔案例：40 多岁的 C 先生在广东东莞经商，做常规体检时提示肺部异常。他前往医院做全面检查后，被确诊为右上肺微小浸润腺癌。C 先生不仅面临高昂的治疗费用，为了治疗还要停下工作，而一家老小的开支都指望他这个经济支柱。

C 先生在 3 年前投保了一份基本保险金额为 500 万元的重疾险，肺癌属于保险合同中规定的重疾——“恶性肿瘤”，他一次性获得保险公司 500 万元重疾理赔金，后续治疗和家人的日常生活都有了保障。

在身体健康、有收入能力时，根据家庭收入和支出情况，买好足额的重疾险，每年只要交不多的保费，就可以在确诊重疾时拿到保险公司赔付的几十万元、几百万元，在不确定的日子里有一笔确定的钱。即便身体情况恶化，即便不确定何时能恢复工作，家人的生活也能继续，生活质量不至于大幅下滑。

2. 家庭经济支柱该如何配置重疾险

（1）买多少保额重疾险。

重疾险的保额，主要考虑发生重疾后治病、养病需要多长时间。得了大病，多久能去上班，主要还是看病情，不同的大病情况也不一样。同时还要看家庭，不同的家庭条件，病人的选择也不一样。

有些大病休养时间不长，比如心脏搭桥手术，只要几个月就可以行动自如，只是恢复工作后不能太累。但有些大病治疗过程很长，治疗频率很高，没办法正常工作。我以前有位同事得了尿毒症，他每周只能周二、周五来工作两天，其他时间都要去医院做肾透析。而肝癌、白血病患者，手术后需要持续做几个疗程的放化疗，还要频繁去医院做复查，恢复则需要几年甚至更长时间。

在癌症治疗中，有一个“5 年生存率”概念。某知识平台医疗健康领域 IP“普外科曾医生”是这样说的：“比如乳腺癌的 5 年生存率是 60%，就是指有 60% 的乳腺癌患者，存活时间可以超过 5 年。为什么是 5 年生存率，而不是 1 年、2 年生存率？这是因为癌症的复发和转移的高峰期在前 5 年。如果 5 年之内没有复发和转移，那么以后出现复发和转移的概率就很低了，可以认为达到了临床‘治愈’。所以，如果你不幸患癌，但是 5 年后没有复发和转移，那么恭喜你，你基本上已经战胜癌症了。”

对于癌症来说，5 年是一个非常关键的治疗和康复期。如果家里主要负责赚钱的先生患上比较难治的肝癌，有多少妻子忍心在这关键的 5 年让他赶快回去拼命工作？有多少父母忍心让儿子扛着病体去加班？所以重疾险的保额，一般以弥补 5 年左右的收入损失为基础。假如一个人年收入 40 万元，购买 200 万元保额的重疾险，发生大病，可以一次性获得 200 万元理赔金，就可以让病人在更平静、更坦然的状态下治病、养病和康复。

（2）买什么类型的重疾险产品。

几乎每一家寿险公司都有重疾险产品，保障责任各不相同，费率也不一样。

在众多的重疾险中，大家该如何选择呢？

第一，是不是保障病种越多越好？

有的重疾险保 100 种病，有的保 120 种病，是不是保 120 种的一定比保 100 种的好呢？一款重疾险，保障的病种自然是越多越好，但更重要的是有没有高发疾病。比如埃博拉病毒，中国从未出现过，有这个病种的保障当然好，但不是大家最该关注的。几乎每位咨询者都告诉我，他们身边有恶性肿瘤病人，这是一种相对高发的重疾。大家如何判断重疾险中是否包含了最高发的重疾？其实，行业协会在《重大疾病保险的疾病定义使用规范》中已经对高发重疾做出了统一规定。

还有人问：怎么能挑选出一款疾病定义比较宽松的重疾险呢？疾病达到什么程度才算是重疾？保险公司会不会故意在合同条款中把疾病定义设置得非常严苛，导致不能顺利理赔？疾病定义怎么算是合理，其实不是普通消费者能识别的，要靠医学数据支持。2007 年，保险行业协会和中国医师协会共同制定了中国人最高发的 25 种重疾清单——《重大疾病保险的疾病定义使用规范》(以下简称《规范》)，明确了每一种重疾的理赔标准。2020 年，又根据医学技术进步，对《规范》进行了修订，修订后的《规范》包含了 28 种重疾和 3 种轻症。《规范》中的 28 种重疾，已涵盖了重疾理赔中发病率最高的疾病，如表 2–2 所示。

表 2–2　行业统一规定的 28 种重疾和 3 种轻症

序号	重大疾病名称	序号	重大疾病名称	序号	重大疾病名称	序号	重大疾病名称	序号	重大疾病名称
1	恶性肿瘤——重度	2	较重急性心肌梗死	3	严重脑中风后遗症	4	重大器官移植术或造血干细胞移植术	5	冠状动脉搭桥术或称冠状动脉旁路移植术

续表

序号	重大疾病名称	序号	重大疾病名称	序号	重大疾病名称	序号	重大疾病名称	序号	重大疾病名称
6	严重慢性肾衰竭	7	多个肢体缺失	8	急性重症肝炎或亚急性重症肝炎	9	严重非恶性颅内肿瘤	10	严重慢性肝衰竭
11	严重脑炎后遗症或严重脑膜炎后遗症	12	深度昏迷	13	双耳失聪	14	双目失明	15	瘫痪
16	心脏瓣膜手术	17	严重阿尔茨海默病	18	严重脑损伤	19	严重原发性帕金森病	20	严重Ⅲ度烧伤
21	严重特发性肺动脉高压	22	严重运动神经元病	23	语言能力丧失	24	重型再生障碍性贫血	25	主动脉手术
26	严重慢性呼吸衰竭	27	严重克罗恩病	28	严重溃疡性结肠炎				
序号	轻度疾病名称	序号	轻度疾病名称	序号	轻度疾病名称				
1	恶性肿瘤——轻度	2	较轻急性心肌梗死	3	轻度脑中风后遗症				

虽然《规范》中要求必须保的重疾为6种（恶性肿瘤——重度、较重急性心肌梗死、严重脑中风后遗症、重大器官移植术或造血干细胞移植术、冠状动脉搭桥术、严重慢性肾衰竭），但其实市面上的重疾险产品基本都主动包含了全部28种高发重疾。《规范》之外的病种多为保险公司自行制定，数量虽多，发生概率不高，不必过分关注。

第二，买单次赔付的还是多次赔付的重疾险？

按照重疾赔付次数，重疾险可以分为单次赔付（赔付1次重疾，合同就终止）和多次赔付（共计赔付2种及以上重疾）两大类产品。那么，多次赔付重疾险有没有必要买呢？

多次赔付重疾险的出现，与医学技术进步有很大关系。一方面，随着医学技术的进步，很多重疾的治愈率都在不断提升，患者可以长期带病生存。另一方面，重疾年轻化，在快节奏的工作生活状态下，三四十岁患重疾的现象越来越多。再者，买重疾险时需要做健康告知，如果身体有严重疾病，会被拒保。所以，在理赔完第一次重疾之后，能继续拥有重疾险保障非常重要，这就是购买多次赔付重疾险的意义。

工银安盛人寿官方公众号发布了这样一则理赔案例：2020 年，江女士因“HCG 持续升高”住院，经过宫腔镜检查和病理结果判断，被确诊为“恶性肿瘤”，随即进行化疗。所幸两年前购买了保额 80 万元的多次赔付重疾险，江女士获得 80 万元重疾理赔金。理赔后，保险合同继续有效，她还将继续享有重疾保障。

随着医学技术的进步，重疾治愈或带病长期生存的情况越来越多。在疾病治愈后，或长期带病生存的过程中，大家仍然需要甚至比其他人更需要重疾保障，多次赔付的重大疾病保险就是解决这种需求的。

多次赔付重疾险分为两大类：一类是分组多次赔付，要求两次重疾属于不同的组；另一类是不分组多次赔付，没有组别要求，只要两次重疾不是同一种即可再次赔付。不分组产品对第二次重疾的赔付概率，高于分组产品。

例如前面工银安盛人寿的理赔案例中，江女士购买的产品，就是分组多次赔付重疾险。该重疾险是这样分组的（2018 年购买的重疾险，保险合同中的疾病定义为 2007 年版《重大疾病保险的疾病定义使用规范》中的定义，如表 2–3 所示）：

江女士已经理赔了恶性肿瘤，后面如果发生和恶性肿瘤同一组的重疾，例如重大器官移植术，就不能再理赔了。如果发生了脑中风后遗症，因为和恶性肿瘤不属于同一组，可以再次理赔。如果她购买的是不分组多次赔付重疾险，那么只要第二次重疾不是恶性肿瘤，就可以再次理赔。

表 2-3　某重疾险对 28 种高发疾病的分组

第一组	第二组
1 恶性肿瘤 2 重大器官移植术或造血干细胞移植术 3 终末期肾病（或称慢性肾功能衰竭尿毒症期） 4 急性或亚急性重症肝炎 5 慢性肝功能衰竭失代偿期 6 慢性呼吸功能衰竭 7 严重溃疡性结肠炎	8 脑中风后遗症 9 良性脑肿瘤 10 脑炎后遗症或脑膜炎后遗症 11 深度昏迷 12 瘫痪 13 严重脑损伤 14 严重帕金森病 15 严重运动神经元病 16 语言能力丧失
第三组	**第四组**
17 急性心肌梗塞 18 冠状动脉搭桥术（或称冠状动脉旁路移植术） 19 心脏瓣膜手术 20 严重原发性肺动脉高压 21 主动脉手术	22 多个肢体缺失 23 双耳失聪 24 双目失明 25 严重阿尔茨海默症 26 严重Ⅲ度烧伤 27 重型再生障碍性贫血 28 严重克隆病

多次赔付重疾险对于两次重疾的赔付，都有半年到一年的间隔期要求，即两次重疾的确诊必须间隔半年到一年时间。如果是同时确诊两种重疾，只能按照一种重疾赔付。

第三，有必要附加癌症第二次赔付责任吗？

癌症作为生活中最常见的大病，引发大家很深的担忧。从保险公司理赔数据看，癌症也确实是理赔占比最高的重疾。癌症治疗时间长，治疗费用大，而且易发生转移、复发。《此生未完成》的作者于娟，就是乳腺癌发生骨转移。

很多朋友会问："如果癌症转移或者复发了，比如乳腺癌转移为骨癌，多次赔付重疾险可以赔两次吗？"多次赔付重疾险普遍要求两次重疾不能是同一疾病，乳腺癌和骨癌同属于恶性肿瘤这一种重疾，所以是不能再次赔付的。

为了解决这个问题，有些重疾险中包括了癌症的二次赔付，也有些重疾险提供癌症二次赔付的附加险。第一次癌症理赔后，过了一段时间，对于新发生的癌症，或是癌症的复发、转移、持续，可以再次理赔。

第四，买定期重疾险，还是终身重疾险？

大部分重疾险都是保障终身的，有极少一部分产品可以选择保障到60岁、70岁或80岁。相比终身重疾险，定期重疾险价格较低。那么买哪种更好呢？

建议以终身重疾险为主，预算有限时，为了照顾保额，可以适度搭配定期重疾险。在保费预算可控的情况下，提升承担家庭责任的这二三十年里的保障额度，发生大病后确保家庭正常运转。

而六七十岁之后，身体健康越来越差，患重疾的风险越来越大，对重疾险的需求仍然很高，所以要以终身重疾险为主要基础配置。某社交平台有人提出这样一个问题：“倾家荡产治疗患癌症的老人值得吗？”其实，这反映的是年轻人在生活压力之下难以两全的现实。如果父母从年轻时就准备好了自己的终身保障，相当于给自己积攒了一个专用的大病基金账户，便可减少对自己养老金的消耗和子女的经济负担。

但也要注意，不是谁都能买得上定期重疾险的。因为这类产品很少，而且基本都是网络售卖，没有人工核保，或是有人工核保但核保标准较为严格，身体有异常的客户还是建议考虑有人工核保的终身重疾险。

第五，买消费型重疾险，还是储蓄型重疾险？

绝大多数重疾险都是储蓄型，如果没有确诊重疾，会在身故后赔付保额。有少数重疾险是消费型，分为两种，一种是身故赔保费或现金价值，另一种是身故不赔付。消费型重疾险的保费比储蓄型低，但赔付也具有“不确定性”。

小李买了一份不含身故责任的重疾险，有一天小李在单位加班时突发心肌梗死，同事们把他送到医院，还没来得及救治人就去了。小李的妻子拿着保险合同找到保险公司理赔，保险公司却拒赔了。原因是：虽然家里人说小李可能是心肌梗死，但没有医生诊断报告、检查报告，不符合重疾险中“较重急性心肌梗死”的理赔条件。

如果小李购买的是一份含有身故责任的重疾险，小李的妻子就肯定能拿到这笔理赔款了，这就是身故责任的重要性：赔付是确定的，保险杠杆有保证。

至于该买消费型还是储蓄型，如果保费预算充足，储蓄型是更好的选择。如果预算有限，为了确保保额充足，可以考虑消费型。当然，由于消费型重疾险产品较少，还是要结合对保险公司服务要求、自身健康等情况综合考虑。

第六，重疾险中的轻症和中症责任有必要吗？

重疾险最重要的是保障大病，但不只保大病。目前市面上大部分重疾险都保障轻症。有些重疾险可以选择加轻症、中症保障，也可以选择不加。建议大家购买重疾险时至少要加上轻症责任。

所谓轻症，就是轻度重疾。比如：“冠状动脉搭桥手术”是重疾，而“冠状动脉介入手术（含心脏支架）”是轻症；“恶性肿瘤——重度”是重疾，“恶性肿瘤——轻度”“原位癌”是轻症；“双耳失聪”是重疾，“单耳失聪”是轻症。而且，现在越来越多的重疾险包含“中症”责任，其实就是将一部分本属于轻症的疾病作为中症，提高赔付比例。

重疾赔付额度一般是100%保额——买100万元保额，得了重疾，能赔100万元；轻症赔付额度一般是20%～30%保额；中症则赔付50%～60%保额。如果有轻症、中症保障，可以赔付一部分，同时不影响重疾保额，后续保费还可以豁免。

从优先保障大风险的角度来说，只保障重疾当然没问题。但也要考虑到现在随着人们越来越重视健康管理，每年参加体检，在较早阶段发现疾病的概率大大增加。比如女性高发的两癌——乳腺癌和宫颈癌，如果每年通过B超、

HPV 检测方式筛查，可以在其发展为恶性肿瘤之前——乳腺原位癌和宫颈原位癌阶段发现并干预治疗，而且治愈率很高。

下面是明亚保险经纪公司发布的一则理赔案例，被《中国银行保险报》评选为“2019—2020 年度影响力赔案”：孙先生 2018 年购买了 6 家保险公司共计 320 万元保额的重疾险。2019 年在小区踢球时不慎被球击伤左侧面部，造成左耳膜裂伤，最终左耳全聋，获 6 家保险公司共计 103 万元的轻症理赔金，豁免后续保费 313 万元。

这个案例中，如果孙先生双耳失聪，可以拿到 320 万元重疾理赔金，但他是左耳全聋，右耳听力正常，并不满足重大疾病“双耳失聪”的定义，但他仍然获得了 103 万元轻症理赔金，因为符合轻症“单耳失聪”的理赔标准。而且轻症能豁免后续全部保费，虽然到账的赔付金额是 103 万元，但是总计获得的经济利益是 416 万元。因为发生轻症，可以豁免重疾险后续应交的全部保费——313 万元。还有，“单耳失聪”这个轻症的赔付，不影响孙先生的重疾、身故保障，如果他以后不幸发生“双耳失聪”，或是“恶性肿瘤”，或是身故，都可以再获得 320 万元重疾理赔金。

需要注意，虽然大部分重疾险都包括轻症保障，但它不是必须保障的项目。2007 年版的《重大疾病保险的疾病定义使用规范》中只规定了 25 种重疾，没有规定轻症疾病定义。《重大疾病保险的疾病定义使用规范（2020 年修订版）》中增加了 3 种高发轻症的定义，但并不是强制保障的，而是说轻症保障可以有，也可以没有。如果有轻症保障，则必须包括这 3 种高发轻症：轻度恶性肿瘤、较轻急性心肌梗死、轻度脑中风后遗症。其他轻症保险公司可以自行增加（参见表 2-4）。除了这 3 种轻症，大家还要特别关注其他高发轻症，特别是“原位癌”“微创冠状动脉介入手术（含心脏支架）”这两种。

表 2-4　28 种行规重疾对应的轻症

序号	重疾名称	对应轻症 / 中症
1	恶性肿瘤	恶性肿瘤——轻度
		原位癌
2	急性心肌梗塞	激光心肌血运重建术
		早期原发性心肌病
		较轻急性心肌梗死
3	脑中风后遗症	轻度脑中风后遗症
4	重大器官移植术或造血干细胞移植术	单侧肺脏切除
		肝叶切除
		因肾上腺皮脂腺瘤切除肾上腺
		永久性心脏起搏器植入
		肾脏切除
5	冠状动脉搭桥术（或称冠状动脉旁路移植术）	微创冠状动脉搭桥手术（或称微创冠状动脉旁路移植术）
		冠状动脉介入手术（非开胸手术）
		特定周围动脉疾病的血管介入治疗
6	严重慢性肾衰竭	急性肾衰竭肾脏透析治疗
		慢性肾功能障碍 / 损害
7	多个肢体缺失	单个肢体缺失
8	严重非恶性颅内肿瘤	脑垂体瘤、脑囊肿、脑动脉瘤及脑血管瘤
		微创颅脑手术
9	急性或亚急性重症肝炎	—
10	严重慢性肝衰竭	病毒性肝炎导致的肝硬化
		早期肝硬化
		慢性肝功能衰竭

续表

序号	重疾名称	对应轻症 / 中症
11	脑炎后遗症或脑膜炎后遗症	轻度 / 中度脑炎或脑膜炎后遗症
12	深度昏迷	深度昏迷 72 小时
13	双耳失聪	单耳失聪
		听力严重受损
		人工耳蜗植入术
14	双目失明	单眼失明
		角膜移植
		糖尿病视网膜晚期增生性病变
		视力严重受损
15	瘫痪	中度进行性核上性麻痹
		中度瘫痪
16	心脏瓣膜手术	心脏瓣膜介入手术（非开胸手术）
17	严重阿尔茨海默病	中度阿尔茨海默病
	严重脑损伤	重度头部外伤
18		中度脑损伤
19	严重原发性帕金森病	中度帕金森氏病
20	严重 Ⅲ 度烧伤	轻度面部烧伤
		面部重建手术
		全身较小面积 III 度烧伤
21	严重特发性肺动脉高压	原发性肺动脉高压
22	严重运动神经元病	早期 / 中度运动神经元疾病
23	语言能力丧失	—
24	重型再生障碍性贫血	可逆性再生障碍性贫血
25	主动脉手术	主动脉内手术（非开胸手术）
		颈动脉狭窄介入治疗

续表

序号	重疾名称	对应轻症 / 中症
26	严重慢性呼吸衰竭	肺功能衰竭
27	严重克罗恩病	中度克罗恩病
28	严重溃疡性结肠炎	中度严重溃疡性结肠炎

3. 身体有问题，买不上重疾险怎么办？

重疾险的价值杠杆很高，但不是人人都能使用这个杠杆工具，因为买重疾险时，需要回答保险公司关于身体健康情况的问卷，如果健康条件不符合保险公司要求，有可能被保险公司拒保。

一般来说，保险公司的核保标准大同小异，比如对高血压、冠心病、糖尿病患者或得过癌症的客户，都不接受投保重疾险。所以，要趁着身体健康时做好重疾险保障，正如胡适所说“今天作明天的准备”。

那些不能购买重疾险的人该怎么办呢？

如果身体情况允许，可以选择防癌险。防癌险是只保障癌症这一种大病的“缩小版重疾险”，因为只保癌症，核保标准比重疾险更宽松，侧重评估被保险人的癌症风险。比如三高人群买不了重疾险，但可以购买防癌险。例如一位 40 岁女性，因为有高血压，无法购买重疾险，购买 100 万元保额防癌险，每年保费 1 万～1.5 万元之间，交费 20 年，保障终身。获得的保障是：如果发生癌症，赔付 100 万元；如果发生原位癌，赔付 20 万元，同时豁免后期保费，之后再发生癌症，还可以再赔付 100 万元。

如果连防癌险都买不了，比如除了有三高疾病外，还有不明的肺部阴影，或是无法明确性质的结节、肿瘤等，那么是不能购买防癌险的。在这种情况下，就没办法利用保险的杠杆了，但至少可以自行准备一个专用的大病基金账户，这个账户最好有这 3 个特点：第一，专款专用，非大病不可取用；第二，稳健增值，收益可靠；第三，发生风险时方便取用。结合这 3 个特点，可以考虑用年金保险或增额寿险来储存大病基金。

比如一位35岁的女士，使用增额寿险来作为大病储备专用账户，每年交3万元，交20年，到60岁就有100万元大病储备金，到70岁有145万元。这样做虽然不如买重疾险一开始就有上百万元的保障，但有这么个专用账户，到老也不会成为孩子的负担。

4. 重疾险可以用来养老吗

有人问:“重疾险能不能在七八十岁的时候返还一笔养老钱呢?”单纯的重疾险是在疾病或身故的时候才能赔付，老的时候想要取钱，只能靠退保拿回现金价值，但退保后，保障也就没有了。

一般来说，一份20年交费的重疾险，现金价值在缴费35年左右时会超过全部保费。也就是说，一个30岁的人买重疾险后，在65岁左右时可以通过退保拿回他交的保费用来养老。

但65岁退保未免太早了。根据人民健康网公布的数据，到2020年，中国人的平均寿命已达77岁，北京地区更是高达82岁。在最容易发生大病的年龄，却不再享有重疾险保障，这并不是一个最优决策。如果到了七八十岁没有发生重疾，却很需要一笔养老金，退保倒是一种选择。但这种选择，终归显得有些矛盾和无奈。

生老病死是人之常情,有担忧的地方就有保险。人们希望用保险解决“老”和“病”两种担忧是对的，但期望用一种保险产品解决两个问题，往往要牺牲整体的保障质量。过去有保险公司宣传“全能型”保险，一份保险，生老病死都能保——这其实是在重疾险的基础上加了一份两全保险。

在某知识平台上就有这样一个关于两全险的问题:“买了一份重疾险加两全险，本以为只要活到65岁就可以返还保费，但因没仔细看合同，直到今天才发现是65岁之前不出险才可以返还保费,现在想退保。”相比单纯的重疾险，附加两全险后，每年保费成本会上升，而且大部分两全险都像这个问题里提到的，只有在60岁或70岁之前没得过重疾，才能返还保费。所以，这种形式只能部分解决养老问题。

最好的方式，是用重疾险解决大病风险，用养老金保险解决长寿风险，用保险产品组合实现风险全面覆盖。

意外险：意外伤残，生活怎么继续

2018 年，在残联备案的残疾人有 8 500 万人，据残联估算 2020 年超过 1 亿人。残疾人中约有 3 成是由意外伤害造成的。

那些肩负家庭重担的年轻人残疾后，不但收入中断，还要面临高昂的治疗费用，这会让家人的生活雪上加霜。当他们想回归社会时，又会遇到很多现实问题，维持生计也不容易。

“中国截瘫者之家”的创办者文军，生前曾帮助很多跟他一样的残疾人重新回归社会，他坐着轮椅到处呼吁完善无障碍设施。2019 年，文军在前往大理为残疾人考察旅行线路期间，因为所住酒店的无障碍通道被私家车占用，他开轮椅找其他通路时，因坐轮椅身位较低、视线受阻，掉进了一个没有任何警戒标志的大坑，与世长辞。

受到文军帮助的一名残疾人老唐，回忆自己刚刚车祸截瘫时，说每天只有一个想法，就是琢磨怎么去死。截瘫 6 年，光医药费就花了上百万元，好不容易熬到女儿上大学，他立马和妻子办了离婚。直到在网上认识了文军，他才鼓起勇气走出家门找工作。

每个残疾人都想做自己的英雄，但不是所有人都能实现这个想法。逆境并不造英雄，有实力才行。先天性残疾或许只能接受命运，但是意外事故导致的伤残，却是可以未雨绸缪的。当风雨真的到来时，如果有那么一笔备用资金，会让余生变得轻松一些。在身体残疾的情况下，如果有经济基础，能支撑残疾人更快地克服困难。

如何用少量成本撬动几百万元的伤残备用金？购买保额充足的意外险。

1. 意外险如何解决伤残带来的收入损失

意外险保障由意外事故造成的风险。什么是意外事故？大的意外事故包括意外溺水、车祸、高空坠落、被高空坠物击中、自然灾害、电击、火灾、运动损伤等；小的意外事故包括摔伤、猫抓狗咬、运动磕碰等。

一般来说，意外险保障“两大一小”3 种意外风险，“两大”是指意外身故和意外伤残，“一小”是指磕磕碰碰等小意外造成的就医费用。

对意外身故，意外险按照保额赔付。比如买 500 万元保额的意外险，意外身故赔 500 万元。对意外伤残，意外险根据伤残等级，按照对应的比例赔付。伤残等级和赔付比例是由行业协会在《人身保险伤残评定标准》中统一规定的，各家保险公司的意外险全部遵守这一规定，如表 2–5 所示。

表 2–5 意外伤残等级评定赔付比例

（以购买 100 万元保额意外险为例）

伤残举例	伤残等级	赔付比例	保额 100 万元赔付金额
颅脑损伤导致植物状态	一级	100%	100 万元
两肢完全丧失功能	二级	90%	90 万元
舌缺损 > 全舌的 2/3	三级	80%	80 万元
腹部损伤导致全胃切除	四级	70%	70 万元
外鼻部完全缺失	五级	60%	60 万元
一肢缺失	六级	50%	50 万元
面部烧伤 且瘢痕面积大于等于 24 平方厘米	七级	40%	40 万元
腹部损伤导致脾切除	八级	30%	30 万元
一侧耳廓缺失大于等于 50%	九级	20%	20 万元
两个脚趾缺失	十级	10%	10 万元

对意外事故导致的小额医疗费，是报销性质，就像商业医疗险一样有一个报销限额。不同产品的意外医疗保障内容千差万别，从赔付范围来看，有的只能赔付社保内费用，有的不限制社保内外费用。从赔付比例来看，有的产品能全额赔付，有的产品有几百元免赔额，有的产品只报销 80% 或 90%。从报销额度来看，有的产品每次事故最多报销 5 万元，有的产品每年最多报销 3 万元。

平安人寿官方公众号发布过这样一则理赔案例：黄先生在广东与太太一起经营企业多年，2015 年 10 月，黄先生工作时突发火灾，当时火势迅猛来不及躲闪，被严重烧伤，达到二级伤残标准。

黄先生于 2014 年购买了 1 000 万元保额意外险，二级伤残可获赔 90% 保额，共获得意外伤残理赔金 900 万元。二级伤残相当于脸部或身体 90% 以上皮肤都有三度烧伤，治疗、康复需要很长时间，并且之后恢复劳动能力需要更长时间。对于上有老、下有小的黄先生来说，家庭经济上必然会承受很大压力。

这 900 万元理赔金，如果拿出 200 万元作为治疗和康复费用，剩下的 700 万元，按照 3.5% 的低风险投资收益率，每年有 24.5 万元利息，可以支撑养伤期间的家庭生活基础——保证日常生活、赡养父母和子女教育不受过多影响。

2. 家庭支柱应该如何规划意外险

（1）买多少保额。

有不少客户做保障规划时跟我说，他们已经买过意外险了，细问保额，只有 10 万元、20 万元。试想，如果上文中的黄先生只买了 10 万元保额的意外险，二级伤残赔付 9 万元，对他和家人来说有多大用处？

意外事故发生概率低，所以意外险保费不高。但意外事故造成的经济损失往往很大，所以需要配置较高保额来转嫁风险。也正因为保费低，普通家庭也有条件配置高额意外险。

伤残和大病都会带来收入损失，重疾险保额一般按照 3～5 倍年收入配置，而意外险对伤残按等级对应的比例赔付，所以一般建议意外险保额按照重疾险保额的两倍左右配置，也就是年收入的 6～10 倍。

保额不足是保险规划中最大的风险。如果说其他险种配置受制于保费预算，意外险保费较低，买 500 万元保额最多只需要四五千元，一定要配置充足。

（2）买什么类型的意外险产品。

意外险的类型很多，具体如何选择，需要参考被保险人的实际情况。从保障期限看，有保长期的，也有只保一年期的。从保障内容看，有保身故、伤残的，也有身故、伤残、意外医疗都包含的。从涵盖的意外事故范围看，有只保障交通意外的，也有保障全部意外事故的。

第一，买长期意外险，还是一年期意外险。

从保障时间来看，意外险分为短期意外险和长期意外险两种。市面上的产品以交一年保一年的短期险为主，占比超过 95%；交 10 年、20 年保障终身的意外险较少。如表 2-6 所示。

表 2-6　3 类意外险的区别示例

		长期意外险	短期意外险 1	短期意外险 2
保障	意外身故	100 万元	100 万元	100 万元
	意外伤残	按伤残等级 对应比例赔付	按伤残等级 对应比例赔付	按伤残等级 对应比例赔付
	意外伤残 豁免后续保费	含	×	×
	意外医疗	×	10 万元 / 次	3 万元 / 次
保费	保障期间 缴费期间	保障终身 20 年缴费	保 1 年 交 1 年	
	30 岁（男）保费	1 440 元	1 450 元	299 元
	30 岁（女）保费	1 620 元	1 450 元	299 元

大部分短期意外险包括“两大一小”3种保障，更为全面，而长期意外险只保障“两大”风险。长期意外险的优势是可以一劳永逸，为老年阶段准备更高保额。大部分短期意外险的最高投保年龄是60岁或65岁，一旦超过这个年龄，就只能购买保额较低（最高10万元、20万元）的老人专属意外险了。所以，在年龄符合条件时，配置一份保长期的高额意外险，对于应对老年后的伤残风险是很有必要的。

第二，长期意外险，买返还型还是纯保障型。

一般不建议购买返还型长期意外险。返还型意外险，一般是两全险形式，比如交10年保障30年，30年到期时返还保费，“相当于一分钱没花，白得30年意外保障”。实际上，这类意外险保额一般都很低，而且并不划算。懂得时间价值的人会更倾向于买纯保障型的长期意外险（不返还保费）。

比如某款返还型意外险A，保额10万元，35岁女性每年保费1 800元，交10年保30年，30年到期后返还1.15倍保费，也就是20 700元。

如果买纯保障型意外险B呢？保额10万元，35岁女性每年保费138元，交10年保30年，30年到期后不返还保费。

纯保障型的意外险B，每年保费比返还型的意外险A少1 662元，省下的这笔钱拿来买个增额寿险，交10年，30年后有36 129元，比意外险A返还的保费多出来15 429元，利益更高。

第三，专门的交通意外险是否需要购买。

有些意外险会针对各种公共交通工具、自驾车等附加更高保额，也有意外险只保交通工具意外，大家可以根据自身对交通工具的使用频率来设计。但要注意，意外事故的范围远不止交通意外，溺水、电击、高空坠落、运动损伤等都会造成巨大伤害。正如大家不能预测意外什么时候到来，同样也无法预料来的是哪种意外，所以，最好先保证有充足的综合意外保额，再考虑增加个别的单项风险保额。

（3）注意意外险的投保要求。

购买意外险时，一定要看清自己是否符合要求，以免买错保险，无法理赔。

第一，保额与收入匹配。

部分意外险对收入有要求，比如某公司的意外险，投保100万元保额，要求上一年度应税薪金超过20万元；投保200万元保额，要求上一年度应税薪金超过30万元。在索赔时会要求提供上一年度应税薪金收入纳税证明，如果不满足要求会被拒赔。没有达到要求的收入水平，千万不要盲目购买。

第二，符合职业类别要求。

买意外险一定要确保被保险人的职业属于可承保范围，填职业时如实报告，大部分意外险只能承保1～4类职业。经常坐在办公室的城市白领基本都属于第一类职业，各类意外险基本都能买。但一些高危职业，比如特警、空中警察、安装工人等，投保普通的意外险就会被拒保，只能买一些承保职业范围较广的。

我的一位客户Y先生给母亲买意外险时填的职业是“餐厅服务人员”，后来母亲登高跌落，摔碎锁骨。理赔医疗费时，保险公司在正常的理赔资料之外，还要求补充提供事故现场照片，详细说明在哪里出险、为什么登高、登高时在做什么。

为什么要求补充这些资料呢？因为保险公司怀疑Y先生的母亲在投保时谎报了职业，担心她从事的是常登高的危险职业，比如高空作业的安装工人，这是不符合投保要求的。如果经核实确实属于不能承保的职业类型，保险合同无效，不能理赔。

寿险：不幸离世，家人如何渡过难关

在大家身强力壮时，很难想到生大病或者发生意外时该怎么办。在收入高峰期，很难想到孩子的上学费用会有困难。然而，明天和意外哪个先来，大家并不知道。

2018 年有一个这样的新闻，某知名企业 36 岁的工程师齐先生，是两个孩子的爸爸，两个孩子一个 8 岁，一个 3 岁半。孩子太小，妻子一直没上班。上有老、下有小的齐先生成了全家唯一的顶梁柱。为了让一家人有更好的生活，齐先生选择了去肯尼亚外派的高薪工作。在肯尼亚外派期间，他连续工作了 22 个月，没有回国休息过一次，连节假日都在加班。在一次通宵工作两天后，齐先生因过度劳累猝死。

齐先生去世后，因赔偿问题，妻子和他所在的单位产生纠纷，妻子在网络上发文追思丈夫时说："我的小家，从此破碎，8 岁和 3 岁半的孩子永远失去了保护他们的爸爸，我再也等不到那个和我白发偕老的爱人，年迈的婆婆白发人送黑发人，这是她唯一的爱子啊……"

在工作和生活的双重压力下，有多少中产家庭的顶梁柱在以身体健康为代价，拼尽全力为家人争取更好的生活条件？很多 70 后、80 后、90 后生活在"421"家庭里，一旦其中的经济支柱离世，将让整个家庭立即陷入困境。

人保寿险吉林省分公司官方公众号曾发布过这样一个案例：陶先生是某公司业务骨干，也是家庭唯一收入来源。因咳嗽加重，伴有呼吸急促和体温升高，陶先生前往大连医科大学附属第一医院住院治疗，被诊断为隐匿性肺结核，肺内坏死。治疗期间，陶先生突发心率下降，抢救无效死亡。陶先生的去世，导致家庭失去了经济来源，给家人造成了精神和经济的双重打击。好在 2 年前公司为他投保了 300 万元保额的团体定期寿险，家里很快收到身故保险金 300 万元，不仅解了燃眉之急，日后生活也有了较好的基础。

寿险会在身故时赔偿一笔钱，它就是一个备份的自己，能替代大家完成剩下的经济责任：给老人一些养老资金，给孩子支付教育费用和生活费用，帮助另一半分担经济重担。寿险赔付的这笔钱具有"专属性"，在寿险保单中，要指定身故受益人。比如指定自己的孩子为受益人，那么理赔金就专属于受益人——孩子的个人财产，不会受到被保险人——父母生前债务影响。因为明确指定了受益人，也不会引发家庭财产纠纷。

《潇湘晨报》2020年9月25日报道过一则新闻《父亲留下47套房，四胞胎仅分到一套——14岁时同赴美国读书，如今交不起学费回国索要遗产》。罗先生与妻子唐女士2001年生育了四胞胎，后于孩子4岁时协议离婚。2015年，罗先生意外身亡，留下了47套房产、公司股权、存款等遗产。罗先生留下的遗产一共有8名继承人，除了四胞胎之外，还有罗先生的母亲、现任妻子等人。罗先生的遗产中，有很大一部分是不动产以及租出去的商铺，一时无法变现，而且要想继承这笔财产，首先要面对的是罗先生作为公司法人、最大股东需要承担的几千万元债务。

混乱之际，四胞胎的奶奶通过诉讼获得四胞胎的监护权，随后将年仅14岁的四胞胎送到美国读书。2020年3月，四胞胎中的老大和老二在美国收到了大学录取通知书，老三和老四也准备申请学校。然而就在此时，家中已经无力负担兄妹四人的学费和生活费。罗先生虽然留下了大量的房产，但债务更是沉重，高达几千万元。“8个继承人都被起诉，很多资产被查封了。”四胞胎的大伯这么说。

上面的罗先生是亿万富豪，资产很多，债务也很多。普通中产家庭可能不像他有高达几千万元的沉重债务，但有多少城市中产家庭没有房贷、车贷？如果发生风险，现金流中断，短期内家人无法将资产变现，偿还贷款出现困难，银行是否会要求拍卖资产、收回贷款？如果急于变现，是否需要大幅降价出售？

另外，有多少人敢保证一旦遭遇困境，家庭成员之间对于如何处置资产能达成一致意见，并且能合情合理地分配财富：既照顾到孩子求学，又能考虑到老人养老，还能给另一半足够的资金支持？

所以，即便已经积攒了丰厚的资产，仍然需要考虑如何给家人留下一笔“没有争议”的现金，以免在处置资产的过程中发生意想不到的风险，导致家人生活陷入“有钱花不着”的窘境。

1. 寿险如何帮家人渡过难关

寿险的保障责任很简单，就是身故或全残赔一笔钱。寿险的意义，不仅在于赔付一笔钱，更重要的是，它是一笔非常“纯粹”的留给家人的钱。第一，这笔钱不必偿还被保险人生前的债务，不会被债主追讨；第二，按照自己意愿合理分配，比如购买 1 000 万元保额的寿险，约定 30% 给老人，30% 给妻子，40% 给孩子，可以避免家庭成员纠纷。

有人会问：“如果有重疾险和意外险——储蓄型重疾险带身故责任，意外险中也带有身故责任，那还有必要买寿险吗？”有必要——虽然这 3 类保险在身故赔付上有一定的重叠，但不能相互替代。

重疾险中的身故责任，对于意外和疾病原因导致的身故都可以赔付，这一点和寿险的赔付范围是一样的，但重疾险理赔身故的前提是没有理赔过重疾。如果一个人是先得重疾，后身故，那么重疾险就只能在发生重疾时赔付，发生身故时则需要用到寿险。

另外，身故比重疾风险造成的损失更大，会导致家庭收入来源永久性中断，即便重疾险可以赔付身故，保额也远远不够。比如，小明年收入 40 万元，房贷 200 万元，孩子 3 岁，他按照年收入的 3～5 倍购买了 150 万元保额的重疾险，没有购买寿险。一旦发生身故风险（假设不是因重疾去世），他的家人拿到 150 万元身故赔付金，但家人还有 200 万元房贷要还，3 岁的宝宝将来要花钱的地方也很多，其实这 150 万元是远远不够的。

意外险中的身故责任，是赔付意外事故导致的身故。如果是疾病原因导致的身故，还是要用到寿险才行。所以，寿险和重疾险、意外险并不冲突，都需要配置。

2. 家庭经济支柱如何规划寿险

（1）买多少保额。

寿险的保额，取决于被保险人需要承担多大的家庭责任，假如不幸离世，希望家人继续过什么样的生活。我跟几百位客户沟通过寿险的保额，大家心里有不同的 3 个层次。

第一层：没有负债。想一想家里少了一个经济来源，爱人需要独自支撑，还要还债的场景：除了经济上的拮据，家人还要承担巨大的心理负担。所以，寿险的保额至少覆盖房贷、车贷以及其他欠款。

第二层：短期内没有生活压力。在覆盖贷款的基础上，第二层的寿险保额建议定为家人 10 年左右的生活支出，或者是自己 3～5 年的收入。这笔钱可以用来照顾爱人、孩子和老人短期内的生活。

第三层：未来没有担忧。第三层考虑得比较长远，把未来家里人肯定发生的大额支出考虑进来，比如孩子上学或者结婚的费用。如果已经给孩子做了教育年金、婚嫁年金保险计划，寿险保额中要把年金保险的总保费涵盖进去。第三层的保额也可以将自己 8～10 年的收入作为衡量标准。

寿险保额丰俭由人，做到哪个层次都是对家人的爱，结合预算安排就好。

（2）买什么类型的寿险产品。

寿险的保障责任比较简单，就是在身故时赔偿（有的还包括全残赔偿），所以不同产品的保障责任差别不大。寿险产品的主要区别在于保障期限，按照保障时间的长短，寿险分为定期寿险和终身寿险。

定期寿险的保障期限可以是 10 年、20 年、30 年，或是到 60 岁、70 岁。到期时，如果没有发生身故风险，保费不会返还，就当是花钱买平安了。而终身寿险是保障一辈子，赔付是确定的，家人一定能拿到这笔钱，早或晚而已。

从杠杆角度看，定期寿险是寿险中杠杆最高的。买保险就是买保额，对于上有老、下有小，左手房贷、右手车贷的中青年，用几千元保费获得几百万元保额，是非常值得推荐的基础保障配置。

人的死亡风险随着年龄增大而增大，保障时间越长，寿险的价格越高。比如某款定期寿险，35 岁男性买 300 万元保额，交费 20 年保 20 年，每年保费约 3 200 元。如果把保障时间延长到 30 年，300 万元保额的保费就会上升到约 6 600 元。如果把保障时间延长到终身，变成终身寿险，还是交 20 年，每年保费约 5 万～6 万元。参见表 2-7。

表 2-7　保障责任及价格示例

	定期寿险	终身寿险
保险期间	10 年、20 年、30 年，或是到 60 岁、65 岁、70 岁	终身
最高保额	300 万元	不限，结合收入、资产情况
保障责任	身故、全残赔保额	身故、全残赔保额
保费测算	100 万元保额，交 20 年保 20 年	100 万元保额，交 20 年保终身
30 岁男性	743 元	15 800 元
30 岁女性	362 元	13 700 元
35 岁男性	1 063 元	18 600 元
35 岁女性	546 元	16 200 元

定期寿险的作用是以较低的成本，确保家人的生活品质。而终身寿险的作用，是给财富加上 2～3 倍的杠杆和一个“保险箱”，家人确定可以拿到一笔被杠杆放大过的现金财富。

还有一种是增额终身寿险，相比刚一购买就直接获得 300 万元保额的“杠杆终身寿险”，增额终身寿险的杠杆不高，刚购买时，身故赔付较少，随着时间的推移，身故赔偿金额越来越高。

比如某款杠杆终身寿险，35 岁男性，每年交 6.5 万元，交 10 年，保额从一开始就固定为 200 万元。而某款增额终身寿险，每年交 6.5 万元，交 10 年，第一年的身故保障只有 10.7 万元，然后逐年增长，到 73 岁时增长到 200 万元，超过杠杆终身寿险，到 100 岁增长到 520 万元。

杠杆终身寿险核保标准比增额终身寿险更严格，更适合身体较为健康的人用来做财富传承。如果身体情况通不过杠杆寿险的核保，可以选择增额终身寿险。

（3）购买寿险，有什么注意事项。

一是注意免责条款。寿险的保障责任比较简单，纯粹保障身故或全残，区别仅在于“免责条款”。免责条款，就是不能赔付的情况。

有的寿险免责条款较少，比如某款定期寿险只有 3 条免责条款，而某款寿险有 7 条免责条款，如表 2–8 所示。尽量选择免责条款较少的即可。

表 2–8　两款寿险免责条款示例

	免责条款
寿险产品 1	①投保人对被保险人的故意杀害、故意伤害； ②被保险人故意犯罪或抗拒依法采取的刑事强制措施； ③被保险人自本合同成立或者合同效力恢复之日起 2 年内自杀，但自杀时为无民事行为能力人的除外。
寿险产品 2	①投保人对被保险人的故意杀害、故意伤害； ②被保险人故意自伤、故意犯罪或抗拒依法采取的刑事强制措施； ③被保险人自本合同成立或者合同效力恢复之日起 2 年内自杀，但被保险人自杀时为无民事行为能力人的除外； ④被保险人主动吸食或注射毒品； ⑤被保险人酒后驾驶、无合法有效驾驶证驾驶，或驾驶无有效行驶证的机动车； ⑥战争、军事冲突、暴乱或武装叛乱； ⑦核爆炸、核辐射或核污染。

二是注意核保要求。寿险的核保比重疾险宽松，但对于心脏病、恶性肿瘤等患者也是拒保的。不同产品的健康问卷不同，有的问题相对多些，有的问题相对少些。如果身体有异常，可以挑选健康问卷中问题相对少的进行合理规避。

养老年金险：不想被延迟退休怎么办

中国社会科学院在《中国养老金精算报告2019—2050》中发布的数据显示，2019年我国有养老保险的离退休人口已达1.02亿人，到2050年将上升到2.78亿人。随着人口老龄化越来越严重，国家养老金制度的支出负担会越来越重。2019年平均2.65个在职员工养一名退休员工，到2027年2个在职员工养一名退休员工，到2035年1.22个在职员工养一名退休员工。

2021年的两会上，已经提出我国将逐步推行延迟退休政策，计划最终调整到男女均为65岁退休。所以，想和60后一样，在55岁、60岁的年纪退休，对于80后、90后，以及绝大多数70后来说，已经不太现实了，除非你自己对提前退休有所准备。假如大家没到退休年龄，社会上却已经没有了适合自己的工作，或者自己的身体状况已经不允许继续工作，大家有提前“退休”的底气吗？

即便不提前退休，按照法定年龄退休，社保能提供多少养老金也是个未知数。到2050年，中国人的平均寿命会从现在的77岁提升到85岁，到时中国有1/3是老年人，其中20%还是80岁以上的高龄老人。60岁的90后、70岁的80后、80岁的70后、90岁的60后、100岁的50后，大家都要指望00后、10后、20后这些年轻人交社保才能领到养老金，年轻人占比越少，养老金也会越少。到那时，能不能悠闲从容地规划养老生活，就要拼大家在年轻时自己所做的养老储备有多少了。有的读者可能已经工作了四五年、十来年，甚至二十来年，你准备了多少存款作为养老用？手中的存款现在收益率如何，将来如何，退休后够用多少年？

在日本纪录片《老人漂流社会——“老后破产”的现实》中，有一位河口先生，年轻时在东京的大型运输公司做营销员，年薪一度超过1 000万日元（折合人民币62万元），现在69岁的他每月只能领到14万日元（折合人民币 8 680 元）养老金，但生活费用需要 14.7 万日元（折合人民币 9 114 元），每月赤字 9 000 日元（折合人民币 558 元）。河口先生没有存款，他向记者介绍说：“光凭年金不够用，能省的只有伙食费。”为了弥补养老金缺口，他从 65 岁开始在医院做驾驶员工作。而河口先生，是这部纪录片中财富赤字最少的人。

对于大家来说，将来如果退休金不够用，存款快速消耗，可以向谁求助？孩子、兄弟姐妹，还是朋友？如果除了政府的社保养老金，自己还额外准备了充足的养老钱，老年生活就会舒适得多。

《老人漂流社会——“老后破产”的现实》中的另一位青山先生，自己做了养老储备，攒下了 2 000 万日元（折合人民币 124 万元）用来养老，曾经以为足够了。现在他 68 岁，已经花掉了 400 万日元（折合人民币 24.8 万元）。为了尽量让存款花得久一些，他每天要把自己和 89 岁老妈两个人的伙食费控制在 500 日元（折合人民币 31 元），一盒几百日元的小菜要分成三餐吃。日本和很多发达国家一样，存款利率几乎是 0。经济发展到一定阶段，利率下行是大趋势，如何避免像青山先生一样坐吃山空？

投资股票等高风险产品，老人又经受不起账户波动。对老人来说，还有一个关键问题：防骗子。快手上有部电影叫《空巢》，主人公赵一梅是个独居的退休教师，她不喜欢社交，和儿子关系也不融洽。在她身体越来越差，精神上也越来越空虚的时候，遇到了保健品推销员雷小丁。雷小丁没事就陪赵一梅说话解闷，还帮她修水管、修电器，为她过母亲节，赵一梅很快就被雷小丁感动了。作为回馈，赵一梅也买了雷小丁许多保健品，最终被雷小丁参与的一通诈骗电话骗走了 50 多万元。

这些极度渴望亲情和关爱的空巢老人，正是骗子最佳的下手对象。赵一梅退休前是一名教师，文化程度不算低，但还是中了骗子的圈套。随着年龄老去，不仅身体机能退化，智力、判断力也会渐渐下降，年轻时积累的经验逐渐跟不上社会发展，以至于失去对事情的正确判断。在骗子眼里，这些缺少关爱的老人，只要稍微用心，就可以轻松欺骗他们。随着年龄增大，老人掌控财富安全的能力越来越弱，每到他们的存款或理财到期时，可能都要过一个上当受骗的坎。

一位 80 后客户帮爸妈向我咨询年金保险，她担心爸妈的钱被那些推销保健品、P2P 理财的骗子诓了去。她说："我不惦记爸妈的钱，只怕他们被骗后精神会崩溃。"

1. 养老金保险如何解决养老金缺口、保障资金安全

养老金保险，就是在年轻时交保费，退休后每年领取养老金的保险，就好像多交一份社保，退休后多领一笔钱。养老金保险可以把社保养老和自己存款两者的优势结合起来。同社保养老共同的优势是，有些产品可以做到"活多久领多久"，永远不会被领光，只要人活着，就可以继续领下去。跟存款共同的优势是，如果去世比较早，本金或是没领完的养老金可以留给家人。所以，养老金保险相当于"不受人口老龄化影响的社保退休金"。

"确定领取型"的商业养老金产品可以对社保形成强有力补充：交 5 年、10 年或 20 年，退休后每月领一笔钱，领一辈子。领多少钱是确定的，关键是可以保证终身领取。

不仅如此，养老年金保险是非常适合老年阶段的资产配置。因为养老年金保险可以保障终身，不需要老人打理本金，年金按月或按年打入账户，满足老人日常的生活需要，即便遇到骗子，也不会对本金造成侵害。

例如，一位 35 岁女性决定做一个退休金规划：从 60 岁开始每月领取 1 万元养老金，作为社保的补充，保障养老生活。成本是每年交 21 万元保费，交 5 年。这个计划具体如何呢？

第一，交 5 年，一共 105 万元保费，从 60 岁开始每年领 12 万元，领一辈子。按照目前北京地区女性的平均寿命 84 岁算，领 25 年，一共 300 万元，接近本金的 3 倍。按照人均寿命增长幅度推算，可能要领取 30 年以上，超过 360 万元。每月 1 万元，用来国内国外旅游、雇人做饭、给孙子红包，生活

品质可以维持在不错的水平。

第二，假如不幸早逝，也不亏。因为这份养老金，只要人活着就保证领取一辈子，如果不幸早走了，也能保证至少可以领取到 20 年应领的养老金。也就是说，交了 105 万元，最少保证领回 240 万元。比如，70 岁去世，已经领了 120 万元，孩子或者老伴儿可以把剩下的 120 万元领走，如表 2-9 所示。

表 2-9　保证最少领取的养老年金

身故时年龄（岁）	保证最少领取养老金数额（万元）	已领取的养老金（万元）	受益人可领的年金（万元）
61	240	12	228
62	240	24	216
63	240	36	204
64	240	48	192
65	240	60	180
66	240	72	168
67	240	84	156
68	240	96	144
69	240	108	132
70	240	120	120
71	240	132	108
72	240	144	96
73	240	156	84
74	240	168	72
75	240	180	60
76	240	192	48
77	240	204	36

续表

身故时年龄（岁）	保证最少领取养老金数额（万元）	已领取的养老金（万元）	受益人可领的年金（万元）
78	240	216	24
79	240	228	12

第三，生了大病，可以通过退保领取一笔钱。比如丁克家庭，或者儿子不孝顺的，自己生了大病，在生命的最后阶段，可能想把自己的钱都攥在手里或者花掉。在这种情况下怎么办？可以申请结束合同，把钱一次性领出来，退保利益演示参见表 2–10。

表 2–10　退保利益演示

年龄（岁）	当年退保金（元）	已领取的养老金（元）	总计利益（元）
70	1 426 950	1 200 000	2 626 950
75	1 187 440	1 800 000	2 987 440
80	952 580	2 400 000	3 352 580
85	746 470	3 000 000	3 746 470
90	554 170	3 600 000	4 154 170
95	385 670	4 200 000	4 585 670
100	237 890	4 800 000	5 037 890

2. 养老年金保险有什么增值服务

部分养老年金保险可以对接养老社区，保单持有人可以锁定几十年以后入住高端养老社区的资格。

入住养老机构，解决空巢风险和护理需求，是未来养老的大势所趋。60 岁以后的老人，余生有 2/3 的时间都是与疾病搏斗的。我老公的姑太太长寿，98 岁去世，因为患有糖尿病和冠心病，晚年有 20 多年没有下过楼，常年在床上或坐或躺，上厕所需要有人搀扶。老伴早年就去世了，全靠 4 个子女轮流照顾，这些60多岁的姑姑和叔叔，每天排班轮流去陪护老妈。没有退休的小叔叔是医生，负责老妈平时吃药、听诊。

我和老公每次去看姑太太回来都感慨，说起来她已经算是很幸福的人，在需要照顾的时候，子女们孝顺并且有时间照顾她。因为有4个孩子，每人都不会太累，而且还有当医生的儿子解决医疗问题。将来我俩老了，只有女儿一个孩子，难道要五六十岁的她放弃自己退休后的“黄金时光”，不外出旅游，不照看孙子，也不跳广场舞，每天照顾我们两个老家伙，在医院和家之间往返奔波吗？

姑太太能把人生最后的这张床放在家里，身为80后的我们，有这个条件吗？在卧床阶段，养老院似乎是必须要去的地方——不想在家被保姆嫌弃，也不想拖累儿女，不去养老院，还能怎么办呢？但随着人口老龄化加剧，养老床位会越来越紧张。根据民政部发布的《2014年社会服务发展统计公报》，全国平均每1 000名老人只有27张养老床位，公立养老院排队难是众所周知的。

高端的民营养老社区在软硬件条件上都远远优于公立养老院，越来越受到中高净值人群的关注和重视。对他们来说，养老社区不仅是为了获得有保障的护理服务，关键是可以体验高品质的生活方式。有人从60岁左右就入住养老社区，那里有精装修的居住条件、高品质近距离的医疗保健设施、有活力的社交精神家园。

在设施配套的设计上，养老社区会提供包括高星级居住配套、医疗护理配套、国际适老无障碍标准配套、居住安全配套、社区生活配套、文娱生活配套等。

（1）高品质生活环境。

高端养老社区的居住配套按照“度假养生”标准设计，高品质的硬件环境，配套智能家居系统，保证老人“住得舒适，生活安全”。餐厅对一日三餐都有营养管理，比居家养老和普通养老院更能保证口味和营养均衡。

（2）24 小时医疗护理服务。

养老社区实行“医养结合”模式，内设医院和康复中心，有 24 小时护理照顾，医生 24 小时值班。根据老人的身体情况不同，会分别提供独立生活、协助生活、记忆照护、专业护理 4 种不同的护理服务等级。

某养老社区的定位求助系统，在社区的任何角落，老人都可以用随身携带的定位卡进行呼救，管家和工作人员最快 3 分钟就可赶到。老人晚上睡觉时，智能床带无感监测生命体征，并同步给康养管家和家属。

（3）全天候社交娱乐项目。

不仅配套有泳池、图书馆、电子高尔夫、音乐舞蹈室、健身房、咖啡厅、小剧院、游艺厅、卡拉 OK 厅、绘画室、台球厅、手工坊、棋牌室等社交娱乐环境，还全天组织不同的集体活动，从早到晚可以自由选择参加舞蹈、瑜伽、太极拳、音乐会、观影、手工、活力运动等。

养老社区让养老变得更有温度。美国高端养老机构生活护理（Lifecare）经过长期的跟踪研究发现，现代养老社区的居民平均寿命延长 8～10 岁，医疗保健支出减少约 30%。在一二线城市，有一定经济实力的中高净值人群采用交押金或是购买养老保险等形式，帮自己和父母提前锁定将来入住养老社区的资格。

比如，某养老社区的入住条件是：购买 120 万～360 万元理财产品，或是购买总保费 200 万～300 万元以上的养老金保险产品，被保险人可以享受保证入住权。交完保费后，达到退休年龄，可以申请入住，保证在 18 个月内住进养老社区。被保险人的父母也可以获得优先入住权，交完第一年保费，父母就可以申请入住，虽然不能保证安排上，但排队顺序会优先于非保险客户。

3. 中产家庭如何规划养老年金保险

（1）买多少。

大家储存养老金的工具不只有保险这一种，能长期增值的工具都可以考虑，除保险外，还包括基金、股票、大城市房产等。养老年金保险的优势是确定、安全、领不完，没有本金亏损或收益浮动的风险，也不需要担心本金花完了怎么办。

无论社会怎么变，身体怎么老化，吃喝拉撒的基本需求不会变，趋利避害的人性不会变，那么一笔持续稳定的现金流，就是老年生活里的一束光。有光在，前方就总是亮的。所以，建议中产阶层用社保和年金保险保证老年的基础生活，用股票、基金博更高的生活品质；高净值人群用年金保险保证生活品质。

在适度考虑通胀的情况下，确定保障必要的生活品质所需的资金量。比如，目前我给自己制定的养老金目标是 60 岁开始，除社保外，每月领 2 万元养老金，分步骤实现。目前已经落实了 1.1 万元，最近两年还会继续加保。

需求确定后，就可以寻找优势产品。领取相同的养老金，现在的保费成本越低越好。比如某款优势养老年金产品，35 岁女性，计划从 60 岁开始，每月领取 2 万元养老金，领取终身，现在每月交 18 540 元，交 10 年。总保费 222 万元，假设活到 80 岁，领 20 年养老金，一共领取 480 万元，活得越久，领得越多。

把老年的自己打造成"自动印钞机"，那么长寿这件事对自己、对孩子都是福气。

（2）给谁买。

领取养老金的人是被保险人，所以希望谁领取养老金，就以谁为被保险人。对于独身者来说，当然是给自己买。独身主义者更应极早给自己准备充足的养老年金，以确保老年生活质量和年老后的资金安全。对于已婚人士，规划养老金时建议夫妻二人各配置一部分，以防止其中一人去世后，另一人已经超过购买养老年金的年龄，不能投保。

但我一般建议女性比男性多配置一些养老金。根据国家统计局 2015 年的数据，我国女性平均寿命为 79.43 岁，比男性平均寿命高出 5.79 岁。现实生活中，在我周围，老公去世后独自生活数十年的女性不在少数。

在日本的《老后破产：所谓“长寿”的噩梦》一书中，居住在东京都内的菊池女士，80 多岁，孤身生活，有严重的腰腿风湿病，膝盖以下浮肿很厉害，站起来都很吃力，却没钱请护工照顾自己，只能在床上独自捱生活。午饭时间，从床走到冰箱，仅仅 5 米的距离，她都要靠步行器走很久，中间还得休息数次。

之所以没钱请护工，是因为她每月的养老金只有 8 万日元（折合人民币 4 960 元），而房租、吃饭等生活支出需要 11 万日元（折合人民币 6 820 元）。老公在世时，两人一共有 13 万日元（折合人民币 8 060 元）的养老金，基本够用。但老公去世后，菊池女士就每个月入不敷出了。书中写道：“经济困难的独居老人中，因配偶去世，少了一个人的养老金而陷入困境的情况很多。”

茅盾文学奖得主周大新有一部长篇小说叫《天黑得很慢》，讲述了在人口老龄化的冲击下，人生天黑前的这段路比大家想象得更难走。女性独自一人面对这段路的几率远远大于男性。有一对夫妇在找我规划养老金时，先生说，现阶段资金有限，要把全部养老金保险都买在太太名下，以免自己先一步离开时，太太的钱不够花，这种“秀恩爱”也让我印象深刻。

（3）买什么样的产品。

综合起来，市面上被“叫作”或者“当作”养老年金险卖的产品有以下几种。

第一种是“确定领取型”纯养老年金险。这类产品的名字里会有“养老”两个字，一般建议购买这类产品。用这类产品规划养老金，什么时候领取、领多少钱都是确定的，可以确保终身领取，规划性、确定性、安全性都很强。

“确定领取型”纯养老年金险大体可以分为两类：一类是终身都有“现金价值”的产品，如果领养老金到一定年龄，想要退保，可以一次性把“现金价值”领走，另一类是从 60 岁或是从 65 岁开始领养老金，一旦开始领养老金，保险的现金价值就降为 0，也就是不能再动用本金。这类产品的养老金领取金额高于前一类，而且现金价值为 0，可以最大限度保证老人的资金安全。参见表 2-11。

表 2-11 3 款纯养老年金险示例

（以 35 岁女性，每年交 10 万元，交 10 年的养老金规划为例）

年龄（岁）	终身有退保金的产品		80 岁后没有退保金的产品		60 岁后没有退保金的产品	
	当年领取养老金（元）	当年退保金（元）	当年领取养老金（元）	当年退保金（元）	当年领取养老金（元）	当年退保金（元）
61	109 224	1 576 867	110 040	1 526 090	90 300	0
65	109 224	1 434 794	110 040	1 394 931	107 500	0
70	109 224	1 225 712	110 040	1 196 713	116 100	0
75	109 224	993 511	110 040	969 700	116 100	0
80	109 224	778 594	110 040	752 930	116 100	0
85	109 224	605 483	110 040	0	116 100	0
90	109 224	448 692	110 040	0	116 100	0
95	109 224	314 711	110 040	0	116 100	0
100	109 224	199 115	110 040	0	116 100	0

第二种是定期型养老年金。产品名字里可能有“养老”两个字，也可能没有。比如，某位朋友 3 年前投保的一款养老金计划，每年交 100 万元，交 5 年，从 55 岁起每年确定领取的养老金为 42 万元，领到 75 岁合同结束。

这种养老年金险我不太建议购买，因为买养老金险就是为了防范长寿风险，但定期型产品领到 75 岁就没钱领了，并不能真正解决养老问题。最好是买保终身、“活多久领多久”的产品。

第三种是分红型年金。产品名字里可能有“养老”两个字，也可能没有，但一定有“分红”这两个字。比如某款分红型年金产品，37 岁女性，每年交 30 万元，交 10 年，从 61 岁开始领养老金，确定领取的部分每年只有 187 200 元，如能实现中档分红，另有 55 090 元（分红逐年下降）分红，但分红是不确定的。如果选择另一款确定型纯养老金产品，每年确定领取的部分就有 295 917 元。如表 2-12 所示。

表 2-12 分红型养老金和确定型纯养老金对比示例

年末年龄（岁）	分红型养老金			确定型纯养老金
	确定领取（元）	中档红利（元）	每年领取合计（如分红能实现，元）	每年确定领取（元）
61	187 200	55 090	242 290	295 917
65	187 200	49 999	237 199	295 917
70	187 200	42 979	230 179	295 917
75	187 200	35 285	222 485	295 917
80	187 200	27 248	214 448	295 917
85	187 200	20 126	207 326	295 917
90	187 200	15 043	202 243	295 917
95	187 200	10 799	197 999	295 917
100	187 200	6 911	194 111	295 917
105	187 200	1 801	189 001	295 917

在产品说明里，分红型年金可能用“中档”“高档”红利分配来做演示，但如果用分红型产品来准备养老金，存在很大的投资风险。因为是否分红、分红多少，都是由保险公司根据这类业务的经营状况决定的，缺乏保证。

比如某分红产品的合同条款里是这样写的：

在本合同有效期内，自第一个保险单周年日后首个法定会计年度起，本公司每年将根据上一法定会计年度本合同所属的分红保险产品组业务的实际经营情况决定红利的分配，尚未分配的红利是不保证的。若本公司决定该会计年度本合同有红利分配，则该红利将以现金的形式发送。

即便是能实现“中档”分红，很多产品的年金领取金额，也比不上一些有优势的“确定领取型”养老年金保险。

现在市面上的理财工具里，收益不确定的产品太多了，不止保险这一个。但收益确定的产品太少了，保险正是其中很重要的一种。既然买保险，大家还是要关注“确定性”。若想以承担风险来博取不确定的“高收益”，还是投资股票、基金比较好。

第四种是万能型年金。一般来说，这类产品是一个组合，一个定期或终身的年金产品加一个万能账户。产品计划书里演示的，是假设客户到了该领取年金的时候，选择不把钱领出来，而是把钱存到万能账户里去。

比如某款被“当作”养老金卖的年金险和万能账户组合产品，分3年或5年交费，从第5年就可以领年金，到第10年年金险合同就结束了。这样的保险产品怎么用来养老呢？答案是靠附加的万能账户。如果想用这款产品来养老，从第5年到第10年就不要把年金领出来，而是存到万能账户里去，万能账户会持续生息，等到老了需要养老钱了，可以像支取银行存款一样，想取多少钱就取多少钱。

这种保险产品有两个特点。一是万能账户就是一个生息账户，不会在老年阶段产生年金现金流，需要用钱了，得靠自己去支取。对于老年人来说，每一次支取就是一次对金钱管理能力的考验，是一次产生风险的源头。二是取完为止，总共能取多少钱，要看账户生息能力如何，钱取完了，人还活着，这种情况是完全有可能发生的。靠万能账户规划养老金，其实规划力度比较弱，因为没办法预测领多少钱、领多少年。

还有，万能账户的生息能力如何，要看“结算利率”。在万能账户的产品计划书里，一般会演示三档结算利率，即“最低利率”“中档利率”“高档利率”。最低利率是有保证的，该利率会写在合同里，也叫保证结算利率。中档利率和高档利率都是演示利率，不能保证。保险公司最终的实际结算利率是多少，与宏观利率水平、保险公司投资能力有极大的关系。

比如某款万能险，保证结算利率为1.75%；实际结算利率，过去几年高的时候有5%～6%，现在随着整体利率下滑不断下调。目前，我国内地保险万能账户结算利率多在3%～5%之间，未来随着利率下行的大趋势，万能账户结算利率也会继续下行。

年金保险：如何稳稳地变富

通过前面的章节，大家了解了作为家庭经济支柱，如何给自己配置保险。说到底，大家买保险是为了更好地履行人生责任，防范风险只是美好生活的一个最低起点。作为家庭支柱，大家最重要的任务是赚钱，为家人创造更幸福的生活。

很多人是羞于谈钱的，如果很在意钱，可能会被评价为俗气、乏味、市井、油腻。但其实金钱是很重要的，有这么一句话说得好：世人慌慌张张，不过图碎银几两；偏偏这碎银几两，能解世间万种慌张。

生活中的大部分困难都和“没钱”相关。正是因为大家还没赚到足够的财富，所以为了维持生计，可能不得不继续做自己不喜欢的、无趣的工作，不得不以健康为代价谋生，不得不违背本心说一些虚伪的话，甚至更糟糕的，为了钱而放下尊严去求助他人。

如果有足够的钱，你想做什么？大家很多梦想都与金钱有关。有钱，才能过上独立、自由的生活，不用在焦虑和压力中耗损生命的能量。富裕、健康的生活好于贫病交加的生活，对于人生而言，财富是很重要的。

积累财富，越年轻越好：只要持续工作，收入越来越高，迟早会摆脱被金钱困扰的压力。不过，随着大家工作了几年甚至十几年，有人会忽然发现：明明每年都赚几十万元、上百万元，为什么还是没有实现当初的想法，甚至依旧负债累累？

有句话说:“今天你生活的样子,藏在10年前的选择里。”父母、老师、领导,大都只教给大家怎么赚钱,但没有人教大家怎么有钱,因为人们通常秉持一个错误的理解:“赚钱”=“有钱”。博多·舍费尔在《财务自由之路》一书中说:“许多人计划假期比规划人生还要充分。”积攒财富是需要合理规划和有效执行的。

为了早日积攒到理想中的财富量,你需要付出相应的代价:在工作上比别人更努力,牺牲一些非必要的即时性享受,牺牲娱乐时间学习枯燥的投资技能。积累财富的第一重含义是储蓄,第二重含义是投资。

1. 如何增加储蓄

增加储蓄有两个老生常谈的手段:开源、节流。

开源就是增加收入,这意味着你要给自己的工作加码:如果你是做销售工作的,要想办法增加客户数量,卖出更多产品;如果你做其他工作,要花更多心思在工作上,想办法提升专业能力,增加自己在职场中的竞争力,把自己的人力资源卖个更高价。又或者,你在工作之外,有其他的优势或兴趣,想办法在固定收入之外获得另一份有成长性的收入。总之,不管有没有人教你具体怎么做,你自己都必须有这种意识:花心思在真正重要的事情上,增加时间、精力、脑力投入,创造更多价值,赚更多钱。

节流这种手段,可能会被很多年轻人嗤之以鼻。他们会给出很多理由,比如:

(1)“钱是挣出来的,不是省出来的”。

言下之意,将来我一定会赚到很多钱,相比现在抠抠搜搜省下的钱来说,要多得多。

其实,钱既是挣出来的,也是省出来的。人的欲望会随着收入增长而增长,消费也会。如果没有储蓄意识,他的赚钱能力提高,很可能是他走向更多负债的源头。有位朋友,他的表叔是企业高管,表婶则是一家国企的中层干部。

有一年，表叔要买新车竟然找他借钱，他这时才惊讶地发现，平时总是出入高端商场购物的表叔两口子，竟然连 50 万元的存款都没有。

大部分人都对 10 年后自己的赚钱能力过于乐观，而对 1 年后的自己过于悲观。理性的人，会在当下努力，同时为长远发展铺好后路。很多人因为没钱而不得不从事自己本不擅长也不喜欢的工作，同时却还挥霍着“出卖灵魂”赚到的钱，那解脱之日岂不是永远不会到来？

（2）“活在当下，方不负此生”。

如果“活”就是即时性满足自己的一切欲望，何来“不负此生”？

如果大家把“活”的境界升华到为了自己和家人更好地生活而努力，以“此生”每个阶段的幸福加总作为目标，就不会只看重年轻时的享乐，不会在个人收入高峰期肆意消耗家庭财力，而是为失业时、生病时、生活窘迫时做好准备，为实现以后更美好的目标做好积累。

（3）“通货膨胀会让存下的钱变得不值钱”。

的确，通货膨胀会削弱货币的购买力，但横向对比，存钱的人比不存钱的人更能抗通胀。我从未见过哪个身无分文的人自豪地宣称自己是通胀赢家。

其实，很多人所惧怕的通货膨胀，对于善于储蓄的人来说是好事。通胀往往意味着经济繁荣，就业充分，工资也会随着通胀逐渐上涨。有储蓄习惯的人，会随着工资增长积累更多储蓄，而没有储蓄习惯的人，则会在通胀中进一步和有积蓄的人拉开差距。

决定社会阶层的，不只是收入，更多的是储蓄。

也有人说：“不是我不储蓄，储蓄就像减肥，每年都在喊，每年都存不下钱，我太没有毅力了。”其实，储蓄不能光靠毅力，它也是有招数的。

第一招：支付你自己。

这是博多·舍费尔在《财务自由之路》中提到的。自从知道这句话，我就成了一个坚定的、执行力极强的储蓄主义者。

支付自己，我认为就是为自己的灵魂——自由、独立做准备。想想你为什么每个月都能如期还房贷？因为不还款可能会失去居所。如果你不为灵魂储蓄，很可能终生都会为了生存而“出卖灵魂”——做自己不喜欢的事儿。

还有什么比支付自己更重要的呢？难道银行行长、超市老板、商场售货员、美容店小妹，这些人都比你自己更重要吗？所以，发了工资，第一件事是支付自己，先把这笔购买灵魂自由的钱存起来，然后再去应付别人。哪怕你支付给自己的只有收入的10%，一年下来，你也存下了1个多月的收入，也就是说，你有了1个月的灵魂自由。

剩下的90%不够花？那就想办法让它够花：开源、节流，你很快就会形成新的生活状态，并且习惯10%的储蓄率。之后，你要进一步提升这个储蓄率。如果这是必须做的事情，就一定会找到办法，你甚至可能因此在事业上获得重大突破。

第二招：制定目标。

大家习惯了让领导定目标，也习惯了给孩子定目标，却唯独不愿意给自己定目标。先定个长期目标，比如再过10年、20年，你希望自己有多少财富？再定个中期目标，比如3年、5年，你希望自己的财富增加到多少？每年年初，制定一个储蓄计划。总之，用数字考核自己。人生很短，如果一切都顺其自然，到头来可能是一无所有。

人们常常提到“财富自由”，每个家庭对财富自由的定义是不一样的。当然，也不排除有人压根没想过什么是财富自由。如果家庭财富每年产生的利息足够支付日常生活，不需要再为了柴米油盐等生活支出出卖劳动力，进入一种工作是为了成就感、价值感的状态，这就是财富自由。

比如大家每年生活费用是30万元，按照8%的收益率，有375万元就可以实现财富自由；8%的收益率太高？按照4%的收益率，有750万元就可以实现自由。是不是比你想象中的“大富大贵”要接地气得多？你说连4%的收益都很难，那你就要好好学习一下投资了。

第三招：忘掉你的“种子”。

想要实现财富梦想，就先忘掉你的储蓄。当手里的积蓄越来越多，你可能会随之产生越来越多的欲望，这是人的本性。比如：有了 30 万元，你就想买辆新车；有了 100 万元，你可能在旅游时留意到当地的房子。而且，你还会不自觉地提升生活品质：今天逛街买了件很贵的大衣，导致这个月的储蓄目标没完成，这有什么关系呢，反正我还有 200 万元积蓄。在你实现财富目标之前，忘掉你的积蓄吧！至少，你要只是把它当成数字，而不是具有购买力的货币。

我老家在华北平原，每年秋天，农民会把小麦种子播到地里，之后天气越来越冷，好像把新发芽的小麦苗“冻死”了，到了冬天，一眼望过去，光秃秃的地里什么都没有。在长达 4～5 个月的冬季，进入农闲时节，没有一个农民会去地里扒开土层，看看地里的小麦是不是还活着。他们都静静地等着，等待来年春暖花开，小麦再次发芽，并且短短两三个月就成熟、收割。他们为什么不去扒开土层呢？上千年的农耕经验告诉他们：要想收获，必须先忘掉你的种子。

不要把真正重要的储蓄，放在流动性很高的银行账户里，因为这块“土层”太容易被扒开。你可能会忍不住扒开土层看看“种子”，看着看着，可能就把它吃了。

慢着，这不是一本讲保险的书吗？怎么都在谈储蓄？因为保险和储蓄，两者都是为了更好的生活，而保险是帮助大家储蓄的一种很好的工具。上面提到的“首先支付自己”“定好目标”“忘掉种子”这 3 招，可以用保险这一个工具完美实现。

比如 30 岁的阳阳，年收入 20 万元，每个月也想着存钱，只是存了又花掉，毕业 6 年了，还是没存下多少积蓄。现在她痛定思痛，真的要“剁手”，先实现个 200 万元的小目标。按照 20 万元的年收入，如果阳阳有 200 万元，她就可以少工作 10 年，有 10 年时间去创造更多可能性。

用增额终身寿险这种工具最适合强制储蓄了，每个月发了工资，第一时间把其中的 6 600 元钱存到交费银行卡里，坚持 15 年，到第 22 年就有 200 万元的积蓄。

在前 11 年，保单价值比已交的保费少，阳阳只能选择忘记。第 11 年回本，后面就开始享受稳定的收益，第 12 年变成 100 万元，第 15 年交完总保费 120 万元，保单价值有 158 万元。到第 22 年即可实现 200 万元的积累目标。

长期持有增额终身寿险的这 20 多年，平均年化复合收益在 3% 以上。你会说，这个收益率也不怎么样嘛。别急，收益是关于投资的话题。以很多人的储蓄能力，还没到谈收益的时候，本金规模小，收益再高都是空谈。这一节，大家主要解决本金——储蓄问题。

2. 如何投资

有了稳定的积蓄，攒起了本金，再说投资。

（1）投资期限：长期投资的钱才是财富。

西格尔教授在投资经典《股市长线法宝》中，用 200 多年来美股的历史数据进行统计分析，证明股票的年化收益可达到 6%～7%（剔除通胀因素），远高于债券、黄金等投资品。但实际上只有少数人能达到这个收益率，因为大部分人受情绪左右，受暴富神话影响，不能长期持有。

只有长期主义者，才是投资中的最终赢家。2005—2020 年这 16 年里，沪深 300 指数的年化复合收益率为 12.97%（如表 2-13 所示）。但如果去掉 2006 年、2007 年和 2009 年的收益，平均年化复合收益率为 -2.95%。西格尔教授在《股市长线法宝》中的统计也表明：每 5 年中将近有 2 年的时间，股票投资者的收益率会低于短期国债或银行定期存款的收益率。从中可以看出，大部分普通投资者只有通过长期持有，在股市中才能盈利。如果时间太短，即便运气好能赶上一次牛市，也很可能在接下来的熊市中再亏回去。即便没亏回去，再次赶上牛市的概率也微乎其微。

表 2-13　2005—2020 年沪深 300 指数涨幅

年份	收益率
2005	–7.6%
2006	121.0%
2007	161.6%
2008	–66.0%
2009	96.7%
2010	12.5%
2011	–25.0%
2012	7.6%
2013	–7.7%
2014	51.7%
2015	5.58%
2016	–11.28%
2017	21.78%
2018	–25.31%
2019	33.60%
2020	36.07%
16 年年化复合收益率	12.97%

想要成为投资中的长期主义者，一方面是学习投资知识，建立投资体系，掌握投资规则，让自己变得专业；另一方面，我认为也是最重要的，是打败自己在投资上的“短期心理”，建立“长期心理”。

首先要把家庭资产的期限结构梳理清楚：有多少家庭资产是用于十几年甚至二三十年后的？如果你的宝宝刚出生，他会在 12 年后升入初中，18 年后进入大学，20 多年后结婚。如果你现在 30 岁，20 年后你可能在职场失去竞争力，30 年后你会退休，那时你的收入能力会大幅下降。

你的资产中，必然有一部分是用来应对这些“明天”的。从现在开始，把这部分资产从半年期的银行理财、定期存款中取出来，放到长期理财工具里。一旦你不再惦记着这笔钱，你就具备了长期投资的心理基础，这是转向长期主义最重要的一步。

有人把所有钱都存成半年期的理财，每半年到期后滚存一次，以此来应对 10 多年后的人生。这是一种错误配置，而且有很大风险：利率下行的风险，本金被今天的自己“偷走”的风险，频繁交易的损失。短期投资的钱是过手财，长期投资的钱才是真正的财富。

（2）投资收益：构建投资组合，才能稳健提升回报率。

第一，如何获得年化 8% 的收益率。

你可能听过“复利效应”。爱因斯坦说：“复利堪称是世界第八大奇迹，它的威力甚至超过了原子弹。”假设你现在有 100 万元，未来 60 年持续保持 4% 的收益率和 8% 的收益率，有多大差距呢？

假设你需要 1 000 万元来实现初步财富自由，如果保持 4% 的收益率，你要到第 59 年才能拥有 1 000 万元。而保持 8% 的收益率，只要到第 31 年就可以拥有 1 000 万元，时间缩短了近一半。

怎么把 4% 的收益提高到 8% 呢？冒险。有人不愿意冒险，还想获得高收益，所以会上当。请相信，所有的高收益都需要冒一定的风险。天下没有免费的午餐，如果有人承诺你保本保息 8%，请立马把他拉黑，因为他在算计你的本金。要获得 8% 的收益，就一定会比 4% 的收益冒更多风险——损失本金的风险。

虽然会损失本金，但风险仍然值得冒。同样是积累 1 000 万元，如果你能实现 8% 的复利，会比 4% 的复利节省 28 年时间。我很喜欢《肖申克的救赎》这部电影，如果冒点险，吃点苦，能从肖申克监狱逃到加勒比海滩，难道这不是很值得吗？投资也是同样的道理。

当然，账户余额剧烈波动时，确实容易造成心理恐慌。很多人在股市多年不赚钱的重要原因，就是克服不了心理恐慌。所以要控制仓位，把账户余额 30% 左右的波动幅度所影响的资金量，控制在自己的心理承受范围内。要构建投资组合，一部分资金有波动，一部分资金稳定增值，丰年多赚，荒年少亏。

第二，如何构建稳健的长期投资组合。

为了提升收益率，冒险是一定需要的，但不能盲目冒险。

很多人是这样亏损的。

A. 重仓不了解的项目。朋友介绍了一只股票，你觉得确实不错，一把梭，家庭全部资金投入其中。半年后，股价腰斩，你才认识到当初自己的认知有缺陷，而那位介绍股票给你的朋友，早就在股价下跌前卖出了。

B. 一亏损就割肉。你了解了一只股票，买进去一周，股价下跌 15%，你对自己的判断产生了怀疑。正好此时你又了解到另一只股票最近涨势不错，于是割肉卖出后重新买入另一只股票。一年后，你发现手里的股票不温不火，而卖出的那只股票早就涨了 130%。

巴菲特说，他从老师格雷厄姆那里学到的最重要的投资法则就是："第一条，永远不要亏损；第二条，永远记住第一条。"其实，即便巴菲特自己的持仓，在某些年份也是亏损的，甚至有些股票最后也是亏损卖出的。在巴菲特那里，"不要亏损"这条法则，说的是整体资产组合，是长期投资结果。

稳健投资，一定是要构建一个资产组合。东方不亮西方亮，永远做好自己在认知上出现漏洞的准备，利用股票、债券、房产、现金类资产的轮动效应，提升整体组合收益率的同时，保证整体本金的安全。

用稳健投资的方式实现 8% 的收益率，意味着你要投资一部分高风险、高收益产品，比如股票、基金等，年化收益可能达到 15%～30%；还要投资一部分低风险、保本金的产品，比如货币基金、债券基金、银行理财、保险，年化收益大致在 3%～5%。长期来看，构建一个投资组合，平均能够获得 8%

的收益。

博多·舍费尔在《财务自由之路》中建议，用40:40:20的比例做规划，40%投入低风险、收益稳定的项目中，40%投入风险适度的项目中，20%投入高风险项目中。这就是分散投资，永远不要把钱全部放在高风险、可能损失本金的项目中。

投资组合的本质就是分散风险——在不同风险程度的项目之间分散，在不同程度风险项目内部，对不同的产品也要适当分散。

第三，保险适合作为长期组合中的低风险配置。

资产中那部分长期规划的用于低风险投资的钱，可以投入到保险中，年金险、增额终身寿险都可以。相比其他低风险投资项目，年金险、增额终身寿险短期内可能没有增值，或者增值很少，但因为这部分钱本就是长期持有，长期年化复合收益率有优势，而且收益是稳定的，回报率是长期有保证的。

举个规划案例：家庭年收入100万元，每年储蓄50万元。按照博多·舍费尔的投资原则，大家来做一个10年期的投资计划（如表2-14所示）：

第一个40%，20万元，用来投资低风险、保本金的项目。银行理财、国债、年金保险都可以。

第二个40%，20万元，用来投资沪深300指数型股票基金。根据过往经验，持有10年以上，年化平均收益率约为10%，大家可以以2006—2015年这10年间沪深300的涨幅为例测算。

剩下的20%，10万元，用来投资科创板成长股、期货等，博取更高收益。如果做得比较好，年化收益率可能达到50%。当然，也可能亏掉大部分本金。

在市场较好的年份，比如投资第1年、第2年，中高风险投资的收益率高达100%或以上，但由于低风险投资收益率为3.2%，所以整体组合的收益率是低于中高风险投资收益率的。

表 2-14　10 年期投资计划

年度	低风险投资 20 万元（以 10 年期国债收益为例）		中风险投资 20 万元（以沪深 300 指数 2006—2015 年实际涨幅演示）		高风险投资 10 万元（以沪深 300 指数为参考，模拟 2 倍波动）		资产组合合计	
	当年收益率	余额（元）	当年收益率	余额（元）	当年收益率	余额（元）	当年收益率	余额（元）
第 1 年	3.20%	21	121.0%	44	100.00%	20	8.0%	85
第 2 年	3.20%	42	161.6%	136	100.00%	50	152.0%	228
第 3 年	3.20%	64	−66.0%	66	50.00%	85	19.8%	215
第 4 年	3.20%	87	96.7%	150	−48.00%	54	−20.6%	291
第 5 年	3.20%	110	12.5%	189	60.00%	97	22.3%	396
第 6 年	3.20%	134	−25.0%	162	−7.00%	100	−1.8%	396
第 7 年	3.20%	159	7.6%	194	−50.00%	60	−17.8%	413
第 8 年	3.20%	185	−7.7%	199	5.00%	73	2.4%	457
第 9 年	3.20%	211	51.7%	322	−28.00%	63	−7.2%	596
第 10 年	3.20%	239	5.6%	340	300.00%	250	61.1%	829
10 年平均年化收益	3.00%		9.45%		16.20%		9.02%	

投资第 3 年金融市场出现大幅波动，甚至是发生股灾（对应 2008 年）——这是极有可能甚至必然会出现的，沪深 300 指数亏损了 66%，而高风险投资，比如股指期货做对冲交易盈利 50%，低风险投资盈利 3.2%，整体盈利依然有 19.8%。

比如第 6 年，沪深 300 指数亏损 25%（对应 2011 年），而高风险投资亏损 7%，由于低风险投资盈利 3.2%，整体组合亏损只有 1.8%，账户余额波动不大。

这就是投资组合的魅力，它可以平滑资产净值波动，稳定投资心态，有利于长期持有。采用组合投资，一方面尽可能保证本金安全，另一方面可以博取更高收益。

当然，也有些朋友投资风格非常稳健，只购买低风险的投资产品，不愿意承担风险。在低风险投资项目中，也建议分散持有，比如银行理财、定期存款、大额存单、国债、年金保险，这几个品种要适度分散。

从投资期限来看，3～5 年内的资金规划，建议用银行理财、定期存款和大额存单打理；5～10 年内的资金规划，更适合考虑 5～10 年期国债；10 年期以上规划，则考虑保险。

为什么不用银行理财、定期存款或国债来做 10 年期以上的资产规划呢？因为利率市场具有不确定性。下面是我国 1 年期定期存款利率的变动趋势：从 1996 年的 10.98% 下降到目前的 1.5%（如表 2-15 所示）。

表 2-15　1 年定期存款利率变动情况

时间	利率	趋势
1996 年	10.98%	⇩
1997 年	8.64%	⇩
1998 年	7.92%	⇩
1999 年	5.65%	⇩
2007 年	4.14%	⇩
2008 年	3.6%	⇩
2011 年	3.5%	⇩
2012 年	3.25%	⇩
2014 年	3%	⇩
2015 年 3 月	2.50%	⇩
2015 年 5 月	2.25%	⇩

续表

时间	利率	趋势
2015年6月	2%	⇩
2015年8月	1.75%	⇩
2015年10月	1.5%	⇩

其实，利率下行与宏观经济发展密不可分：第一，随着经济发展，市场资金供应量增加，资金价格——利率下行。第二，政府要促进投资，就要通过调控手段引导资金价格——贷款利率下降，而贷款利率下行，银行收益会减少，就会下调存款利率。

短期内，银行存款、国债可以保值稳收；从中长期来看，银行存款和国债利率都呈现利率下行趋势。保险产品的劣势是短期内（比如5～10年）无法体现收益，但持有10年以上，年化复合收益率会迅速回升，并且可以锁定几十年甚至上百年（终身）的收益率，是很好的长期保值投资品。

总结一下这一章内容：积累财富首先靠储蓄，其次是投资。做个储蓄达人有3招：发了工资先储蓄，用数字鞭策自己，忘记你的储蓄。做个投资达人，第一要做长期主义者，第二要敢于冒险，第三要分散投资。年金保险（或增额寿险）适用于作为长期资金规划中的低风险投资部分。

第三章

从零开始，护航子女一生平安

孕产高端医疗险：在私立医院生娃

生个孩子不容易，十月怀胎的孕期反应自不必说，去医院挂号、建档繁琐耗时，定期产检也很耗费精力。在公立医院产检，每次基本都要花一整天时间。

几年前，我怀孕后选择在北京某三甲医院建档生子。产检当天，要先到导诊台排队刷卡。刷卡后前台会开出一系列检查，如尿检、血检。然后，拿着检查单去排队交费，交完费就可以去做检查了。大约半小时到一小时出检查结果，需要去窗口或是自助机器取结果，往往前面也会排着几个人。

做完检查，需要回到诊室，一边等检查结果，一边关注大夫叫号。整个产科诊室有三四十张椅子，产妇、陪诊家属加起来有几百人，根本不够坐。如果幸运地抢到个座位，坐下就不敢起来。有一次，两个准爸爸为了给老婆抢椅子，在产科里扭打成一团，吓得产妇们纷纷避让，最后两位男士被保安强行拖出去才相安无事。

诊室里有一个喇叭，循环播放“请陪诊家属出去等待”，但就是没人遵守。因为如果把产妇一个人留在里面，中间去一趟卫生间，或是取一次化验报告，椅子就会被人占了。好不容易检查结果出来了，进入诊室，很幸运，胎儿发育正常，大夫可能会开一个例行的 B 超检查或是糖耐筛查，然后拿着检查单又要去排队交费……

仅仅是回忆这个流程我都浑身紧张，但这就是目前公立医院产检的现状。生产时，我还算是“幸运”的，因为胎位不正，采取的是“剖腹产”，有伤口，可以住三人间病房。而那些“不幸”的顺产妈妈们，住的都是八人间。住院

3 天，我总睡眠时间不超过 5 小时，病房里真的太吵了，一个孩子哭，不仅会吵醒大人，还会导致整屋小孩哭闹，护工、家属进进出出的人很多。

所以，现在很多备孕的准妈妈都希望去环境较好的私立医院产检、生产。私立医院的医生一般都是从大型三甲医院聘请的专家，医院患者少，环境舒适，有单人间病房，服务也更周到，只是私立医院的费用比较高。我在三甲医院产检、生产的总费用，在生育保险报销之后，自费部分只有 3 000 元左右。而在私立医院生孩子，从产检到生产，总费用要 8 万～15 万元，费用是比较高的。

要想花较少的钱享受私立医院更优质的医疗服务，有两种办法：一是购买私立医院推出的生产套餐，二是购买孕产高端医疗保险——一般的医疗险是不能报销生育费用的，而孕产高端医疗险可以附加孕产保障责任。

1. 孕产高端医疗险如何解决私立医院生产费用

孕产高端医疗险，是由高端医疗险产品附加生育福利构成的。购买生育福利，必须首先购买高端医疗险中的门诊和住院责任。所以，孕产高端医疗险不仅可以报销产检和生产费用，以及产后并发症风险带来的医疗费用损失，还能应对一般疾病风险，比如门诊看感冒、发烧等疾病的费用。

我曾经帮一位 33 岁的客户规划某款孕产高端医疗险，她在备孕阶段，需求是去私立医院生孩子。这款产品的保费每年 6.5 万元，保障责任如下：涵盖大陆公立、私立医院；一般疾病的门诊和住院费用的报销额度是 1 000 万元；产检和生产费用报销额度为 10 万元；妈妈的孕产并发症报销额度是 1 000 万元；均为 100% 报销。新生儿出生后 14 天内发生的专业护理及治疗费用可全额报销。

2. 如何规划孕产高端医疗险

（1）关注孕产等待期。

只有极少数产品支持已经怀孕的女士购买，绝大多数孕产高端医疗险都要求尚未怀孕。大部分孕产高端医疗险都有孕产等待期，比如某款产品的等待期是6个月，那么在购买产品后6个月内怀孕，产检费用是不能报销的。有的产品没有孕产等待期，即使投保后立即怀孕，第1年的生产费用也可以报销，只是不能直付，需要先自行垫付，等交完第2年的保费后再报销。

（2）注意保障区域和医院目标。

比如：孕产高端医疗险保障的区域分为中国大陆和全球两种计划；医院限制分为含公立医院及特需医院、含私立医院但不含昂贵医院、含昂贵医院3种计划。

如果选择在国内私立医院生宝宝，购买保障大陆的私立医院就可以。首先要确定好目标医院，如果是普通私立医院，比如美中宜和，选择涵盖私立医院但不含昂贵医院的计划即可。如果是昂贵私立医院，比如和睦家，则要选择含昂贵医院的计划。

如果想到国外比如美国去生宝宝，就要选择涵盖美国地区的产品。比如，某款孕产高端医疗险，30岁女性，每年保费9.4万元，保障责任如下：覆盖全球，含美国医院；一般疾病住院报销额度6 300万元，门诊报销额度47万元；产检报销额度47万元，顺产报销额度9.45万元，剖腹产报销额度18.9万元；妈妈的孕产并发症报销额度为6 300万元；均为100%报销。可免费带新生儿入保，治疗费用全额赔付，每年孩子的疫苗费用报销9 450元。

（3）注意目标医院的生产费用。

例如，某家私立医院产检+顺产费用约为10万元，那么购买孕产高端医疗险时，就要尽量选择能够涵盖10万元孕产费用的产品。

有的产品是产检、顺产、剖腹产共用一个额度，比如某款产品为共用10万元额度。有的产品则是产检使用一般门诊额度，顺产、剖腹产各自规定一个额度，比如某款产品门诊（含产检）报销额度是47.25万元/年，顺产报销额度为9.45万元，剖腹产报销额度为18.9万元。有的产品是产检+顺产规定一个报销额度，产检+剖腹产规定另一个报销额度，比如某款产品产检+顺产的报销额度为 9 万元，产检 + 剖腹产的报销额度为 11 万元。

有的高端医疗险产品，可以报销私立医院的生产套餐费用。也就是说，可以先购买私立医院的生产套餐，然后用孕产高端医疗险报销，同时享受两种优惠。

（4）确定保费预算。

根据保障区域、医院范围、保额等不同，孕产高端医疗险的费用也不相同。以下 3 款计划可作为保费参考，如表 3–1 所示。

表 3–1　3 款孕产高端医疗险保障责任及保费示例

<table>
<tr><th colspan="2"></th><th>产品 1：全球可用</th><th>产品 2：大陆昂贵医院</th><th>产品 3：大陆普通私立医院</th></tr>
<tr><td rowspan="2">保障范围</td><td>保障区域</td><td>全球含美国</td><td>中国大陆（不含港澳台）</td><td>中国大陆（不含港澳台）</td></tr>
<tr><td>医院范围</td><td>公立 + 私立（含昂贵医院）</td><td>公立 + 私立（含昂贵医院）</td><td>公立 + 私立（不含昂贵医院）</td></tr>
<tr><td rowspan="7">保障额度</td><td>非孕产住院</td><td>6 300 万元</td><td>500 万元</td><td>500 万元</td></tr>
<tr><td>非孕产门急诊</td><td>47.25 万元</td><td>6 万元</td><td>8 万元</td></tr>
<tr><td>产检</td><td>47.25 万元</td><td rowspan="3">产检与顺产共用 9 万元额度
产检与剖腹产共用 11 万元额度</td><td rowspan="3">产检与顺产共用 6 万元额度
产检与剖腹产共用 10 万元额度</td></tr>
<tr><td>顺产</td><td>9.45 万元</td></tr>
<tr><td>剖腹产</td><td>18.9 万元</td></tr>
<tr><td>孕产并发症</td><td>6 300 万元</td><td>50 万元</td><td>200 万元</td></tr>
<tr><td>新生儿保障</td><td>新生儿可免费入保，保障额度同妈妈</td><td>50 万元（婴儿出生后 14 天内发生的护理和医疗费用）</td><td>200 万元（婴儿出生后 14 天内发生的护理和医疗费用）</td></tr>
<tr><td colspan="2">30 岁女保费</td><td>94 280 元</td><td>59 942 元</td><td>未孕：54 276 元
已孕：66 166 元</td></tr>
</table>

一款合适的孕产高端医疗险，不仅能让产妇从孕期到产后都得到优质的医疗服务，而且可以让孩子刚出生就获得较好的健康医疗保障。

儿童医疗险：治疗白血病要准备多少钱

《重庆晨报》2018 年 6 月 23 日报道过这样一则新闻“12 岁儿子患白血病　父母卖房救子仍缺 50 万元”。杨婷是重庆潼南人，她的大儿子刚考上大学，活泼可爱的小儿子正上小学，靠打工赚钱养家过日子，一家人其乐融融。然而，2017 年 11 月，小儿子米亿被确诊为急性淋巴细胞白血病，一下子打破了原本平静的生活。

杨婷第一时间做出决定：卖房！这套位于潼南的房子，是杨婷一家四口唯一的房子，但为了给小儿子治病，一切付出都是值得的。可是，房子只卖了 15 万元。杨婷一遍遍地问自己：我还能为孩子做些什么？孩子前期的治疗已花费了 30 多万元，中间也得到了亲戚朋友和爱心人士的帮助，但仍有 50 万元的缺口。杨婷说，她只希望上天能够给儿子一次活下来的机会，让他能够战胜病魔，像正常孩子一样健康成长。

根据中国红十字会发布的《中国贫苦白血病儿童生存状况调查报告》，全国每年新增白血病患者 4 万余人，其中白血病患儿占 1/2。北京大学人民医院血液病研究组主任医师刘代红说，如今通过化疗、造血干细胞移植等方式，80%～90% 的白血病可以得到缓解，60%～70% 左右的患者可以治愈。一个白血病儿童在 2～3 年的治疗期内，治疗费用通常达 10 万～30 万元，骨髓移植费 30 万～100 万元。但在需要进行造血干细胞移植的患儿中，只有 30.81% 的患儿完成了移植手术。在没有完成移植手术的群体中，62.59% 的患儿缘于费用昂贵、无法承受。

某知识社区网站上有位医生写了一篇文章——“关于造血干细胞移植的个人经验与经历”，作者是辽宁省核工业总医院的李强，记述了他的孩子在上海复旦大学附属儿科医院的造血干细胞移植经历，其中跟费用相关的部分整理如下。

关于移植费用：

我知道的移植期间花的最少的、有发票的，是医院 19 万元，脐带血 2 万元，嵌合 8 000 元，这是最少的，低于这个数字我想是做不了移植的。上限不好说，移植有价，排异无价，估计一般上限是 100 万元，超过这个数可能病情非常严重了，治愈的概率锐减。

关于复查费用：

出院后复查，每次化验在 2 000 元左右；丙球根据体重来，价格六七百一支，我家孩子 10 公斤用两支；抗排异药物他克莫司和美卓乐，需不需要用、用多长时间根据病情来定，不绝对，我知道的都用了，但是长短不一，短的 1 个月，长的吃半年。

关于医保：

移植期间很多非常贵的化疗药，包括移植后吃的药，脐带血、嵌合等都是自费的。我们移植期间总花费 22 万元，报销了 5 万多元，复查每次 3 000～4 000 元，能报 1 000 多元。

身为父母，面对孩子生大病，基本都会尽最大努力去救治。《中国贫苦白血病儿童生存状况调查报告》中一位母亲这样说："作为父母，既然生她养她，我就有那个责任。我尽最大努力，就是所有的东西卖完，实在没有办法了，那我就尽到责任了。我可以毫无保留的。"

孩子的一场大病，可能会短时间内把一个中产家庭逼到贫困境地。社会基本医疗保险的报销范围有限，治疗大病时需要自费的部分可能金额很高，所以一定要给身体条件符合要求的孩子配置商业医疗保险，用来解决医院的大额花费。

1. 如何给孩子配置医疗险

孩子的医疗险和成人医疗险的规划思路相同，根据预算和解决的问题不同，可以分为以下 3 类，如表 3–2 所示。

表 3–2　3 类医疗险保障责任及保费示例

产品类型		高端医疗险		中端医疗险	普通医疗险
保障区域		全球任何国家和地区	中国大陆及港澳台	中国大陆	中国大陆
医院范围		全球医院	公立医院普通部、特需部、国际部，私立医院（不含昂贵医院）	公立医院普通部、特需部、国际部	公立医院普通部
可报销病房类型		单人病房	单人病房	单人病房	普通病房
总报销额度		1 600 万元	1 000 万元	200 万元	150 万元
免赔额		0 元	0 元	0 元	1 万元
保障内容	门诊	报销限额 8 万元	报销限额 4 万元	报销限额 3.5 万元	报销限额 1.5 万元
	一般住院医疗	100% 报销 部分项目有限额	100% 报销 部分项目有限额	100% 报销 部分项目有限额	100% 报销 部分项目有限额
是否需要大人带孩子投保		是	是	是	住院责任：否 住院 + 门诊：是
保费（30岁妈妈）	纯住院	13 485 元	6 584 元	2 046 元	502 元
	住院 + 门诊	36 543 元	16 938 元	8 688 元	1 777 元

续表

产品类型		高端医疗险		中端医疗险	普通医疗险
保费（0岁宝宝）	纯住院	12 064元	5 891元	2 443元	644元
	住院+门诊	33 404元	15 429元	10 081元	2 110元

（1）普通医疗险。

如果保费预算1 000元以内，只解决“看病贵”问题，可以配置百万医疗险。孩子一般身体比较好，符合医疗险的健康告知要求，所以给孩子配置普通的百万医疗险时，可以尽量选择长期医疗险——有保证续保条款的。比如有的产品可以续保20年，购买后，至少可以保障到孩子成年，不会因为停售而导致保障中断，是非常不错的选择。

（2）中端医疗险。

如果保费预算在2 000元左右，兼顾“看病贵”“看病难”两个需求，可以考虑只保障住院责任的中端医疗险，每年住院费用报销额度和百万医疗险差不多，200万元左右，但可以选择特需部病房，住院床位没那么紧张，就医环境更好，对孩子身体康复更有利。

中端医疗险可以自行选择是否附加门诊保障，但增加门诊责任保费会大幅提升，每年保费要1万元左右，孩子平时感冒发烧也能去特需部就诊。买保险的第一原则是优先转嫁大风险，住院费用比门诊费用要高得多，所以住院医疗险是必需品。而含门诊的医疗险，可以根据需要选择。

（3）高端医疗险。

大部分高端医疗险，都不接受单独给孩子投保，需要至少父母一方带孩子一起投保才行。高端医疗险可以解决孩子去私立医院以及海外就医的需求。

高端医疗险是私人定制化产品，丰俭由人，保障项目越多，保费越高。第一，看覆盖的医院范围：不包含昂贵医院的，保费较低；包含昂贵医院的，保费较高。第二，看覆盖的就医地域：只保障中国大陆的，保费较低；包含全球范围的，保费较高；包含美国医院的保费最高。第三，看包含的保障责任：只保障住院费用的，保费较低；包含门诊的，保费较高；如果想包含齿科、体检、生育、疫苗等，保费更高。第四，看是否设置免赔额度：如果可以设置 1 万～3 万元免赔额，保费可以下降 20%～30%。比如某款高端医疗险，0 岁宝宝，仅保障大陆公立医院及普通私立医院住院费用，不设置免赔额，保费约 6 000 元；设置 1 万元免赔额，保费下降 20%，约 5 000 元；设置 3 万元免赔额，保费下降 35%，约 4 000 元。如表 3-3 所示。

表 3-3　儿童高端医疗险保障责任及保费示例

产品类型		高端医疗险				
保障计划		中国大陆及港澳台（不含昂贵医院）	中国大陆及港澳台（含昂贵医院）	全球除美国和加拿大（不含昂贵医院）	全球除美国和加拿大（含昂贵医院）	全球任何国家和地区任何医院
报销额度		1 000 万元		1 600 万元		
免赔额		0 元				
必须保障	住院治疗 日间护理	100% 报销 部分项目有限额				
	紧急医疗运送	住宿费限 800 元 / 天，限 12 天 遗体遣返和就地安葬限 16 万元				
可选保障内容	门诊费用	限额 4 万元		限额 8 万元		限额 8 万元
	牙科	三档计划：赔付限额 2 000 元 / 5 000 元 / 10 000 元				
	体检	两档计划：赔付限额 3 200 元 / 5 000 元				
	疫苗	无				
30 岁妈妈保费	纯住院	6 584 元	9 405 元	7 079 元	10 114 元	13 485 元
	住院 + 门诊	16 938 元	22 209 元	18 844 元	25 857 元	36 543 元

续表

产品类型		高端医疗险				
0岁宝宝保费	纯住院	5 891 元	8 415 元	6 334 元	9 049 元	12 064 元
	住院+门诊	15 429 元	20 283 元	17 182 元	23 634 元	33 404 元

2. 给孩子买医疗险注意事项

第一，最重要的是做好健康告知。仔细阅读保险公司的健康问卷，认真梳理孩子的健康情况，如果有回答“是”的，要做好如实告知，并提供相应病历。

比如，根据某中端医疗险的健康问卷，特别值得关注的几项包括：孩子是否有先天性疾病；5 年内是否有住院经历（肺炎、支气管炎等已痊愈出院的不包括在内）；2 年内是否有检查异常或是做了治疗；2 年内是否因病连续服药超过 14 天；如果是 2 周岁以内儿童，出生时体重是否低于 2.5 公斤或是早产。

第二，如果购买普通医疗险，注意“有社保”和“无社保”方案的区别。有些朋友在孩子刚出生时，没及时给孩子办理社保手续，买保险时就需要先选择“无社保”身份，保费会贵很多，所以建议孩子出生后及时办理社保。也有人问：如果先给孩子按照“有社保”身份购买，然后尽快去办理社保手续，可以吗？这要看办完社保后多长时间可以使用社保身份。因为按照“有社保”身份购买普通医疗险后，将来就医时需要先使用社保卡结算，商业医疗险才能按 100% 比例报销，否则只能报销 60%。

第三，注意承保年龄。大部分医疗险都要求孩子出生满 30 天后才能投保，部分高端医疗险，如果孩子妈妈之前购买了高端医疗险，孩子出生后可以免核保直接加入。

儿童重疾险：如果孩子生病了，能请假照顾吗

《中国贫苦白血病儿童生存状况调查报告》中，一位白血病患儿的母亲这样说："这段时间他爸爸回去了，毕竟要上班挣钱，不能把家里的经济来源断了。我和我妈在这儿，我妈今年就60多岁了，晚上12点多，孩子发高烧40多度，我们就要带孩子来医院治病。"

《中国贫苦白血病儿童生存状况调查报告》中的调查数据显示，孩子罹患白血病后，有52.61%的家长选择不再工作，全身心照顾孩子；31.4%的家长认为以往的工作和生活秩序有所改变，与照顾孩子的时间精力相协调；能正常工作的家长只有15%。

我闺女感冒发烧，我和老公都至少要有一个人请假陪护。那些得了大病的孩子，不仅仅因为身体虚弱，需要随时有人在身边照顾，更是一种心理层面的需要。做腰椎穿刺检查，放化疗，麻醉做手术，术后恢复，哪一步不是连大人都肝颤？哪个孩子不希望父母陪在身边？

李强医生在《关于造血干细胞移植的个人经验与经历》中，结合自己的经验，给白血病孩子的父母提出这样的建议。

租房子：

移植从入院到出院最快的情况下也要四五十天，出院后开始是两周复查，然后1个月复查、3个月复查、半年复查、1年复查。外地的病友想回家至少要等到半年以后，正常都是一年回家，所以租房子是必须的。对房子的要求：出院后孩子免疫力非常低，感染风险很高，所以一般都是整租，卫生环境相对好一点，好打扫、好消毒、好管理。位置尽量离医院近一点，住院期间每天送3次饭和消毒用品，有时候特殊情况下还会需要你单独去医院，所以步行单程不要超过半小时。

家里需要物品：

紫外线消毒灯、奶瓶消毒器、衣物烘干机、消毒柜、空气消毒机、滴露消毒液、84片、消毒湿巾、两个整理箱（送饭和衣物时使用）、大量消毒袋。

人员准备：

陪护人员需要送东西、买东西、办各种手续，还涉及与医生沟通，尽量是年轻人，孩子爸爸是首选。

除了租房、生活、养病等这些费用，更大的损失是家长不工作，没有了收入来源。在最需要钱的时候，失去经济来源，即便孩子有医疗保险，能报销医院产生的费用，那家里的房贷和日常生活开销，以及陪护孩子产生的住宿、交通、膳食费用呢？更何况还有医院以外的药费。

有钱赚的时候不怕花，没钱赚的时候，每一笔花销都是在消耗希望。在某法律咨询网站有这样一个法律咨询："我因孩子得了重病，到现在已有半年多没上班了，能领失业金吗？"按照失业保险条例第十四条，领取失业金的前提是"非因本人意愿中断就业"，并且"已办理失业登记，并有求职要求的"。这位孩子生病的家长，很显然不满足领取失业金的要求。那么，孩子重病时，有没有保险能赔付一笔钱，用来解决父母的收入损失？有，重疾险。

1. 重疾险如何解决孩子生病时父母的收入损失

重疾险是为了弥补罹患大病之后治疗和康复期间的收入损失。给孩子买重疾险，就是为了弥补父母照护孩子期间的收入损失，为了在父母不工作的情况下还能支撑在医院外发生的所有家庭开销。

下面是复星联合保险公司官方公众号公布的一个理赔案例：2020年4月，1岁零7个月的小明被诊断为"急性淋巴细胞白血病"，接受化疗。爸爸刘先生一年前为小明投保了80万元保额的重疾险，其中包含少儿特定疾病额外赔付责任，对于白血病可享受双倍赔付——160万元。在小明确诊为"急性淋巴细胞白血病”后，刘先生收到了保险公司一次性赔付现金 160 万元。

急性淋巴细胞白血病的治愈率高达 70%～80%，赔付的 160 万元可以让小明的父母有更大的底气给孩子采用最好的治疗方案，同时放下工作，全身心陪在孩子身边。有了更好的治疗条件和周全的照顾，相信小明也会康复得更快。

孩子的重疾险保费不高，刚出生的小孩，5 000～10 000 元就能购买上百万元保额的重疾险。如果孩子不幸发生重疾，赔付 100 万元，可以用来支付一部分治病费用，弥补父母请长假或辞职期间的收入损失。同时，还可以让父母不必花心思筹钱，专心陪在孩子病床前，及时和医生讨论治疗方案，帮助孩子一起战胜疾病。

2. 如何给孩子规划重疾险

（1）买多少保额。

孩子购买重疾险的保额没有限制，买多少都可以。给孩子买重疾险主要是为了弥补孩子生病时父母的收入损失，所以，孩子的重疾险保额，建议参考父母一方的重疾险保额。很多父母希望趁孩子年龄小时帮孩子做好长远规划，早买保费更低，这样能减轻孩子成年后的经济压力。在这种情况下，就要适当考虑通货膨胀因素，保额适度高些。

（2）买什么类型的重疾险。

第一，买消费型，还是储蓄型？保终身，还是定期？结合保费预算就可以。做家庭保障规划时，应重点考虑家庭经济支柱——父母的保障。在规划好大人保障的前提下，再根据剩余保费预算给孩子选购重疾险产品：储蓄型或消费型，保终身或定期。如表 3–4 所示。

如果保费预算较充裕，可以给孩子配置保障责任较好的终身储蓄型重疾险，0 岁宝宝，100 万元保额，每年保费 1 万元左右。如果保费预算较紧张，可以考虑终身消费型重疾险，100 万元保额，每年保费 5 000 元左右。如果规

表 3-4　3 类儿童重疾险保障责任及价格示例

重疾险产品		终身储蓄型重疾险	终身消费型重疾险	定期消费型重疾险
保险期间		终身	终身	30 年
身故保障（18 岁后）		赔保额	赔已交保费	赔已交保费
重疾保障		不分组，赔 3 次 每次赔 100% 保额	不分组，赔 2 次 每次赔 100% 保额	不分组，赔 2 次 每次赔 100% 保额
少儿特定疾病保障		10 种，赔 1 次 18 岁前确诊额外赔 100% 保额	20 种，赔 1 次 额外赔 100% 保额	20 种，赔 1 次 额外赔 100% 保额
中症保障		赔 3 次 每次赔 60% 保额	赔 2 次 每次赔 50% 保额	赔 2 次 每次赔 50% 保额
轻症保障		赔 3 次 每次赔 30% 保额	赔 3 次 每次赔 30% 保额	赔 3 次 每次赔 30% 保额
保费豁免		首次确诊轻症、中症、重疾，豁免后续保费	首次确诊轻症、中症、重疾，豁免后续保费	首次确诊轻症、中症、重疾，豁免后续保费
产品保额 / 缴费期限		100 万元 /20 年	100 万元 /20 年	100 万元 /20 年
年缴保费	0 岁男	12 660 元	6 110 元	1 290 元
	0 岁女	11 640 元	5 480 元	1 360 元

划大人保障已经使用了绝大部分保费预算，可以给孩子考虑定期重疾险，比如保障 20 年、30 年，每年保费 1 000 元左右。但要注意，定期重疾险的确存在风险，比如复星联合保险官方公众号公布的这个理赔案例：

2019 年 4 月，秦先生为 2 岁的儿子小贝购买了 80 万元保额的重疾险，保障 30 年，到小贝 32 岁到期。2020 年 1 月，小贝出现头痛症状，后来不断加重，后确诊为“髓母细胞瘤”，进行了全切手术，获赔 80 万元重疾保险金。髓母细胞瘤治愈率高达 85%，有这 80 万元，可以使小贝获得较好的治疗、康复条件，爸爸秦先生的压力也会小很多。但康复后的小贝，长大以后还需要重疾险吗？需要。但他得过重疾，不能再买了。所以，如果保费预算不是特别紧张，还是建议给孩子考虑终身重疾险。

第二，如果保终身，建议考虑多次赔付产品。孩子年龄小，保障时间可达近百年，多次赔付产品可以在赔付 1 次重疾之后，仍然继续享有重疾保障。

第三，如果孩子年龄较小，建议考虑包含“少儿特定疾病”额外赔付的产品。比如白血病、严重心肌炎、重症手足口病、严重川崎病等，这些疾病较高发于儿童阶段，部分重疾险将其作为“少儿特定疾病”，发生后可赔付基本保额。

但不是有少儿特定疾病的重疾险就一定有优势，要看赔付条件如何。有些产品中，“少儿特定疾病”同时属于重疾，例如买 100 万元保额，发生白血病，由于白血病同时属于“少儿特定疾病”和“重疾”，所以各赔付 100 万元，共计 200 万元。而有些产品，少儿特定疾病和重疾不重叠，比如某款产品保障 10 种少儿特定疾病，其中有 9 种——包括“重症手足口病”“婴儿进行性脊肌萎缩症”“严重幼年型类风湿性关节炎”等在内，都不属于“重疾”，那么得了这些疾病，就只能按照少儿特定疾病赔付 100 万元，无法同时按照少儿特定疾病和重疾，双倍赔付 200 万元。

3. 给孩子买重疾险有哪些注意事项

（1）注意投保年龄，做好健康告知。

重疾险的投保年龄，一般要求孩子出生满 30 天才能投保。健康告知可以参照医疗险相关注意事项，半岁以内的孩子投保一般需要提供儿童健康手册。

（2）重疾险对“18 岁前身故”只赔付保费。

所有类型的重疾险，即便是储蓄型，对于 18 岁前身故，一般都是赔付“已交保费”而非保额。有朋友会问：“未成年身故的风险也是存在的，为什么重疾险不能赔付呢？”这是保险公司为了遵守银保监会规定而制定的条款。

《关于父母为其未成年子女投保以死亡为给付保险金条件人身保险有关问题的通知》（保监发〔2015〕90号）规定：“对于父母为其未成年子女投保的人身保险，在被保险人成年之前，各保险合同约定的被保险人死亡给付的保险金额总和、被保险人死亡时各保险公司实际给付的保险金总和按以下限额执行：（一）对于被保险人不满10周岁的，不得超过人民币20万元。（二）对于被保险人已满10周岁但未满18周岁的，不得超过人民币50万元。”但“投保人已交保险费”不受这一限制。

所以，各家保险公司在重疾险合同中规定“18岁前身故赔付保费”，就可以使未成年人拥有较高的“重大疾病保额”——超过20万元或50万元，同时又符合监管规定，这对投保人来讲也是好事。

（3）重疾险不赔“先天性疾病”和“遗传性”疾病。

无论是大人投保还是孩子投保，重疾险一般都不赔付先天性疾病、遗传性疾病，这是由《重大疾病保险的疾病定义使用规范》统一规定的除外责任：“因下列情形之一，导致被保险人发生疾病、达到疾病状态或进行手术的，保险公司不承担保险责任：遗传性疾病，先天性畸形、变形或染色体异常。”所以，如果疾病在医学上认定为先天性的，或是遗传性的，那么就不在重疾险的保障范围内。

儿童意外险：孩子被烫伤如何解决治疗费用

2020年，一个周六上午，我和一对年轻父母相约在咖啡馆沟通保险规划，详细为对方梳理了家庭保障缺口。确定了规划方向后，约定下周六同一时间再沟通具体方案。但我刚到家就接到宝妈的电话，问我能不能尽快设计好方案，他们想尽快投保。没等我问原因，宝妈就告诉我，刚才就在我们沟通保险规划时，孩子在家不小心打翻了一盆奶奶晾上的开水，胳膊、腰、屁股都被烫了，现在已经叫了救护车，正等待救护车上门。因为该事件，他们认识到意外无处不在，必须尽快落实保障计划。第二天，宝爸告诉我：昨天叫救护车花了500元，孩子一共要换五六次药，全部是进口药，每次换药2 000元左右，社保一分钱都不能报销。

虽然事情很不幸，但好在伤情不严重。孩子爸爸说，当时孩子打翻的热水已经晾了一会儿，烫得不严重，医生说只要用好药，每日及时换药，就不会留下伤疤。像这种小的烫伤风险，给家庭带来的损失就是1万多元的门诊医药费，一款包含“意外医疗”责任的意外险就可以报销。

在我国，意外伤害是14岁以下儿童的第一大死因。最常见的儿童意外包括：异物堵塞支气管、跌落、烫伤、溺水、动物咬伤。《广州日报》官方公众号2019年10月27日报道了这样一则新闻：何女士带着9岁的儿子小玮在深圳龙岗区横岗的一家餐厅吃饭，店员在上菜时，因为下面的餐盘打滑，一锅热汤突然倒在餐桌上，滚烫的汤水溅到了小玮的手掌及大腿上，导致小玮全身多部位有10%～19%烧伤。好在治疗及时，小玮没有生命危险。

小朋友躲避危险的意识比较弱，甚至有时候因为活泼好奇，会主动靠近危险。如果是小磕小碰还好，如果是意外烧伤、烫伤、摔伤，可能会留下终生残疾。每个父母都会尽力救治孩子，但医药费以及父母为照顾孩子而暂停工作带来的收入损失，都是一笔不小的损失。

1. 意外险如何解决孩子烧烫伤的费用损失

和成人意外险一样，孩子的意外险也是解决3种风险：意外身故、伤残直接赔付一笔钱，报销小意外事故医疗费用。

发生伤残，按照伤残等级对应的比例赔付。例如上面小玮的案例中，烧伤面积超过10%，《人身保险伤残评定标准》规定，“皮肤烧伤导致形成瘢痕，且瘢痕面积大于等于全身体表面积的5%”，属于九级伤残，赔付意外险保额的20%。

因烧烫伤、磕磕碰碰、猫抓狗咬导致的意外医疗支出，在报销限额内，按照合同规定的比例报销。我闺女 2020 年年初被猫咬了个近 2 厘米的口子，打狂犬疫苗花了 1 700 元。因为从她出生开始一直买某款意外险，意外医疗报销额度为 1.5 万元 / 次事故，而且无论用药是不是属于社保范围内，都可以全额报销，所以这 1 700 元全部给报销了。

2. 如何给孩子配置意外险

（1）买多少保额。

孩子买意外险有保额限制。意外险产品同时包括“身故”和“伤残”两项大风险保障。对于未成年人来说，根据我国银保监会规定，身故风险保障是有限额的。10 岁以下的少年儿童，父母为其购买的“以死亡为给付保险金条件的人身保险”，给付限额不得超过人民币 20 万元；对于 10 岁及以上未成年人，保额不得超过人民币 50 万元。

由于身故保额受限，导致和身故保障绑定在同一产品里的伤残保额也受限，这是为了保护未成年人的生存权益。有保险业人士持这样的观点：银保监会规定的是身故限额，伤残保额没有限制，给孩子买高额意外险，只理赔伤残不就好了吗？

这是不行的，因为监管规定里有这样一条：“保险公司在订立保险合同前，应向投保人说明父母为其未成年子女投保以死亡为给付保险金条件人身保险的有关政策规定，询问并记录其未成年子女在本公司及其他保险公司已经参保的以死亡为给付保险金条件人身保险的有关情况。各保险合同约定的被保险人死亡给付的保险金额总和已经达到限额的，保险公司不得超过限额继续承保。”所以，超过规定限额，从承保阶段就是违规操作，一旦发生风险，怎么可能理赔呢？

希望未来会开发出单独保障伤残的意外险，未成年人的伤残风险就可以充分转嫁。或者部分意外险产品能参考重疾险保障条款，对 18 岁之前身故，只赔付保费，规避身故保额限制，可以让未成年人拥有更高额的伤残保障。

虽然目前未成年人投保意外险有20万元、50万元保额的限制，相对大风险来说不算高，但保费也很低，建议按照监管上限配置即可。

（2）买什么类型的产品。

第一，意外医疗责任包括社保外用药。小朋友被猫抓狗咬、磕磕碰碰或者小烫小伤，去门诊打狂犬疫苗、破伤风疫苗，或者包扎换药，如果没有配置包含门诊责任的医疗险，意外险中的“意外医疗”责任就可以派上用场了。很多进口药社保是不能报销的，所以给孩子买意外险最好购买报销社保外用药的产品。

第二，买一年期综合意外险。孩子的意外险最多只能买20万元或50万元，一款产品即可满足保额要求。而长期意外险一般不包括意外医疗责任，保障责任不够全面，所以建议购买一年期综合意外险。

另外，意外险也有投保年龄限制，一般也是要求出生满30天（如表3-5所示）。

表3-5　不同年龄段未成年人意外险保障及价格示例

适合人群		0岁~9岁（含）	10岁（含）~18岁（不含）
保险期间		1年	1年
意外身故保额		20万元	50万元
意外伤残保额		20万元 按伤残等级对应比例赔付	50万元 按伤残等级对应比例赔付
意外医疗	报销额度	1.5万元	2.5万元
	报销范围	医保内、自费	医保内、自费
保费		300元	656元

教育年金险：为什么要提前准备孩子的教育费

我闺女在北京读小学，她和她的小同学们都报了不少课外班，语文、数学、外语、舞蹈、钢琴、绘画……她每周要上 7 个课外班，这一点都不夸张，很多家长比我们要疯狂得多。

我从小被家长和老师教育学习要“靠自己努力”，但来到北京后才知道，所谓的寒门贵子，不过是靠优胜劣汰，从上百万名学生中遴选出几十个资质、成绩都上佳的幸运儿。反观那些家境不错的学生，叠加了父母的资源投入，一个资质平平的孩子可以获得中上水平的成绩。而资质、勤奋都上佳的孩子，可以远超同龄人，获得顶级结果。

我不是说取得教育成功的孩子都是靠父母，而是说个人努力和资源配置需要相辅相成。相信大家身边都有很多这样的例子。

2019 年 7 月 9 日，甘肃女孩张薇在清华大学毕业典礼上的发言道尽了寒门学子成长的巨大障碍：“我来自甘肃镇原——一个黄土高原上的国家级贫困县，交通不便，教育资源有限，经济相对落后。记得第一次去省城参加物理竞赛，在实验环节，我甚至没有见过比赛所用的仪器。当我终于找到仪器开关时，实验时间已经到了。”

美国西北大学凯洛格管理学院副教授劳伦·A. 里韦拉通过调查撰写的图书《出身》中，有这样一句话：“以往，美国精英再生产的形式是父母将对公司的掌管权或者家庭财富移交给成年子女。今天，经济特权从一代传给下一代采用的是更间接的方式，很大程度上通过教育体系完成。”

我接触的高净值客户，他们已经积累了大量财富，子女“几辈子都花不完”，但他们都十分重视子女教育，做保障规划时首先考虑的就是无论发生何种风险，都要确保子女有钱享受高品质的教育。财富可以传承，但成功没办法传承。而教育投入，就像一个转换器，将父母的财富资源，在最大限度内转化为子女成功的基础。

中产家庭的父母都深知教育的重要性，所以在能力范围内，舍得投入大量资金在孩子的教育上。胡润百富榜《2017新中产大调查》中的数据显示，中产阶层在子女教育方面的平均年支出为9万元；关于未来子女留学问题，超半数父母希望孩子在大学阶段出国留学，22%的父母选择让孩子在高中阶段出国留学。

父母是孩子最大的保险，父母身体健康、工作顺利、投资结果好，子女教育自然有保证。然而，父母也是孩子最大的风险，一旦父母发生意外事件，子女的教育费用又没准备好，孩子无法按计划完成学业，命运有可能会被改写。

《株洲晚报》2015年7月25日曾经报道过一则新闻“为了省钱供她上学，父母生病了拖着不去治”。故事主人公刘坤豪的父母早年做生意，赚了不少钱，但因劳累过度，双双得了大病，丧失了劳动能力。父母治病花光了家中积蓄，导致女儿到了上高中、上大学的年纪，只能靠国家资助勉强继续学业。老师们本来建议外形条件不错的刘坤豪选择艺术类专业，但由于学费高昂，懂事的她选择了学费更少、更容易就业的师范院校英语专业。

看到这样的新闻，我们不禁会想，大家都盼望自己的孩子能考上好大学，或者将来出国留学，可谁能保证十几年后孩子读高中、读大学时，我们经济条件依然很好，能供得起他们上学呢？

提前准备孩子的教育费用，不是说孩子上学一定要用这笔钱，而是以防万一。如果届时父母有足够的经济能力，用不到这笔钱最好，但万一父母发生风险，或是家庭投资失败，用到这笔钱时一定有，这样才能给孩子一个比较确定的未来。

1. 教育年金保险：如何让孩子享有确定的受教育权

存钱、投资可以采用多种理财工具，比如股票、基金、信托理财、国债、银行理财、银行定存、年金保险等。但储备基础的教育金，最好是选择利益非常确定的工具：保本、保收益，因为大家要解决的，是对确定性要求非常高的需求——孩子教育。

第一，保本。能保本的产品有银行定存、大额存单、国债，如果持有期限在5年以上，教育金保险也可以保本。

第二，收益确定。银行定存和国债一般都是3年期、5年期，在孩子上大学之前的十几年里，会到期3～6次，到期后市场利率如何不确定。

整体来看，随着经济发展，利率下行是大趋势。包括日本、德国、丹麦在内的很多发达国家都是负利率。2019年，时任中国人民银行行长的周小川在创新经济论坛上表示，“中国可以尽量避免快速地进入负利率时代”。同年，美联储前主席格林斯潘说：“全球各国都能看到负利率的现象，蔓延至美国只是迟早的事。”而教育金以银行定存、国债的形式储存，在十几年的时间里，都难免受到利率下行的影响。

教育金保险如果持有10年以上，可以锁定利率，它会在合同里明确约定现在存多少钱，十几年后孩子能取多少钱，本金和收益都在合同中约定好了，因此是中长期里完全确定的储蓄形式，也是非常适合规划孩子教育费用的工具。

比如一位0岁宝妈，每年拿出3万元作为孩子教育费用储备，连续10年。孩子从18岁上大学每年领取5万元作为学费和生活费，连续领取7年，研究生毕业时，保单价值还有19万元，可以用来继续攻读博士，也可以作为毕业初期生活自立前的过渡费用。这个计划交多少钱、交多年，将来领多少钱、领多少年都是现在就可以确定的，规划性很强。所以，保险是最适合准备孩子基础教育费用的工具。

2. 如何为孩子规划教育金保险

（1）买多少。

给孩子储存多少教育费用，要看大家对孩子的教育规划，丰俭由人。

但有一个基础线，就是考虑在国内一线城市读大学所需的学费、生活费。大部分中产阶层客户都会至少给孩子准备本科、研究生阶段共计 7 年的教育费用。

《21 世纪经济报道》在“一线城市养娃成本至少 80 万元？图解育儿经济账”一文中统计的现在大学生消费数据，我认为是比较切合实际的：学费 5 000～10 000 元 / 年；生活费 1 500～2 500 元 / 月；交通费、旅游等 2 000～10 000 元 / 年；电子设备 10 000～20 000 元。

现在大学阶段的孩子，教育费用每年大约 2.5 万～5 万元，那么十几年后呢？适度考虑通货膨胀，一般建议客户最低限度要给孩子准备 5 万元 / 年的教育费用。如果适度考虑孩子恋爱、社交、创业实践等花销，给孩子大学阶段创造更多的可能性，就要再宽裕些。当然，父母也可以把孩子高中阶段的费用考虑进来。

比如一个刚出生的男孩，爸爸妈妈从现在开始，用 5 年时间给他储备 18～24 岁上大学和研究生的教育费用，现在每年交 4 万元左右保费，将来孩子一共领取 7 年，每年领 5 万元，共计 35 万元。

再比如一个 4 岁女孩，爸爸妈妈希望她将来出国留学，打算用 5 年时间给她储备好留学费用，现在每年交 20 万元左右的保费，将来孩子领取 4 年，每年领 40 万元作为学费和生活费，即便去欧美国家留学也基本够用了。

（2）买什么产品。

选择什么样的教育金保险产品，一是看确定性如何，二是看确定的收益率如何，三是看是否对灵活性有要求。市面上称作或者被当作教育金销售的保险产品有 4 种，一般来讲，更建议用教育年金险和增额终身寿险来规划。

第一种是普通教育年金险。比如：某专门的教育年金险，刚出生的宝宝每年交 10 万元保费，交 3 年，共计 30 万元。大学 4 年，每年领取 5 万元作为学费和生活费，22 岁满期领取 45 万元作为将来攻读研究生的费用或是工作初期的过渡费用，共计 65 万元。这个教育年金险的确定性非常强，本金和收益都在合同里写明，完全有保障。只是领取时间和领取金额都是固定的，缺少一定的灵活性。

第二种是增额终身寿险。在前文家庭经济支柱寿险和养老年金保险规划部分已介绍，增额终身寿险因为有“高现价”特点，适宜作为中长期资金打理工具，不少客户用增额终身寿险来规划教育年金，不仅和专门的教育年金保险一样有很强的确定性，而且在领取时间、金额上有很好的灵活性。

比如：某增额终身寿险，刚出生的宝宝，每年交 10 万元保费，交 3 年，共计 30 万元。到期他可以选择大学 4 年每年领取 5 万元作为学费和生活费，22 岁满期时一次性领取剩余的年金，也可以选择大学至研究生的 7 年，每年领 5 万元，等到 28 岁一次性领 30 万元作为结婚费用。如果届时父母经济条件很好，不需要用这笔钱交学费，也可以不领钱，将来给孩子作为一份婚前财产。

第三种是快返型短期年金险。比如：一位客户为 6 岁女儿购买的某款年金险产品，交费 3 年，每年交 10 万元。从第 5 年到第 10 年，每年返 6 万元年金，到第 10 年满期后返还 3.3 万元，合同结束。也就是说，这款年金险从孩子 11 岁就开始返钱，到孩子 16 岁合同结束了，显然不适合作为教育金储备。

这种产品一般会配置一个附加万能账户，第 5 年开始返钱的时候不领，而是储存到万能账户里，万能账户可以保终身，所以 18 岁上大学需要用钱时，可以从万能账户中领钱。正如前文在养老年金保险中介绍的，万能账户的结算利率是不确定的，产品计划书里演示的“中档”“高档”利率都不能保证，只有“低档”利率是写进合同条款的。万能账户的结算利率同样受到利率市场的影响，具有很大不确定性。

选择这类产品一定要做好收益测算，作为主险的年金险负责前 5～10 年的增值；作为附加险的万能账户，要待年金进入账户之后才能起作用，综合计算下来，IRR（内部复合收益率）较好才值得购买。

第四种是分红型年金险。这类产品不建议购买，确定领取的部分少，分红部分没有保证，要看保险公司业务运营和投资情况，不适合用来规划“确定性”要求很高的教育费用。

3. 为孩子购买教育年金保险注意事项

（1）教育金保险一般核保较宽松。

年金保险或增额终身寿险核保一般较为宽松，孩子即便有些身体问题，买不了健康保险，也可以购买教育金保险。其中，年金险比增额终身寿险核保更宽松，如果孩子买不上增额终身寿险，可以考虑年金保险。

（2）部分产品有“投保人豁免”，父母身体较好的建议附加。

有朋友问我：“既然孩子的教育费用对确定性要求非常高，当然应该早日给孩子准备。但如果我在交费期间发生大病或者死亡风险，导致保费交不上了，那可怎么办?”

父母的确是孩子最大的保险，但也是最大的风险。有些年金险产品是可以附加“投保人豁免”保险的，投保人是指父母，孩子是被保险人。投保人豁免，就是当投保人发生重大疾病或者身故风险，孩子这份教育金保险就不必再交保费了，将来孩子上学时该领多少钱还能领多少钱。

这个案例是《中国保险报》公布的“2016 中国保险年度影响力十大赔案”：金先生经营一家建筑公司，家产颇丰，妻子是一名小学教师，他们有一个儿子，一家人生活幸福美满。2016 年 9 月，金先生驾车出差时，汽车碰撞坠崖，金先生当场死亡。他生前为孩子投保了一份教育年金保险，年交保费 1.2 万元，15 年交清，出险时已经交了 2 年保费。由于这份保险自带了保险费豁免功能，按照条款约定，“投保人在交费期内因意外身故或高残将免交剩余年度保险费”，因此保险公司免除其未来 13 年应缴纳的保费共计 15.6 万元，孩子将来上大学时，仍能领取到父亲计划为他储存的教育金。

对金先生的孩子来说，教育年金保险不仅是父亲留给他的一笔学费，更代表了一种深沉的父爱。如果父亲能陪他长大，一定可以供他念大学，还能给他创造很好的物质基础，甚至是不菲的财富。但父亲也考虑到，万一自己不幸遭遇意外，如何保障孩子享有基本的受教育权利。这个孩子上大学时，从父亲提前给准备好的年金保险里领取到学费、生活费，他一定会想起父亲对他的承诺和爱护。如果孩子妈妈将来靠自己的收入就能供孩子上大学，不需要从保险中取钱，我相信这份保险对孩子来说值得珍藏一生。

（3）孩子成年后，可以将投保人变更为孩子。

投保人是保单持有人，享有保单价值利益。很多客户规划教育金保险时，都憧憬着将来孩子考上大学，就把保单送给他，作为一份成人礼，让孩子感受到父母从小对他寄予的厚望。同时，也让孩子从自己持有保单开始，学着经济独立，从保单中领取学费、生活费。这时可以把投保人从父母变更为孩子，这份保单就彻底属于孩子的财产了，可以锻炼孩子的财商。当然，如果父母届时认为孩子还不具备掌握财富的能力，也可以不做变更，将保单掌握在父母手中。

年金险：给闺女置办嫁妆有哪些注意事项

近些年，网络上曝出不少富豪陪送价值上亿元黄金、房产、股票嫁女的新闻。其实，不光是富豪，中产家庭的父母也会不惜重金给闺女办嫁妆。作为一个女孩儿的妈妈，我很能理解这种心情。2019 年，包括北京、上海在内的 10 个省市离婚 / 结婚比率已超过 40%。大家都希望孩子婚姻幸福、一生无忧，但大家左右不了子女的生活，只能希望给她们富裕的经济条件，以便孩子少一点后顾之忧，少受一点委屈。天下父母，无不希望拼尽全力，给子女最大的底气。

父母给闺女准备嫁妆时，如果没有安排好，万一孩子婚姻不幸走到尽头，可能是既伤害感情又损失钱财的不幸结局，甚至可能让原本优渥的生活受到重创。不同类型的嫁妆，分别有什么特点？该如何做好嫁妆规划才能保证资金安全？

1. 房产、现金、股票嫁妆的风险及规避

（1）房产嫁妆。

天津滨海新区长安网发布过这样一则新闻——“60 万元嫁妆，离婚时只分了 40 万元”：贾女士婚前有一套房产，嫁给李先生后，居住在李先生父母早年为儿子购买的婚房中，贾女士婚前的房子闲置。婚后，两人为改善居住条件，将贾女士婚前的房子卖掉，卖得 60 万元，加上两人婚后攒的 20 万元存款，购买了一套价值 80 万元的房子。

后来两人感情破裂，向法院诉请离婚。在分割共同财产时，贾女士发现自己吃了大亏，自己婚前房产卖掉所得的 60 万元变成了婚后财产进行分割，而李先生的婚前房产不进行分割。最后，贾女士只分得了 80 万元房产的一半，也就是 40 万元。

在“房住不炒”政策出台之前，一二线城市房价飞涨，离婚房产纠纷也频现报端，父母们的自我保护意识普遍增强，给孩子的房产要么以父母名义购买，要么在子女结婚之前，以子女名义全款购买。以父母名义购买当然没有问题，即便小两口将来离婚，也不会分割父母名下的财产。以子女名义在婚前全款购买，也是妥妥的婚前个人财产，离婚时不会被分割。就像新闻中的李先生，父母为他购买的婚前房产一直持有，未曾出售，离婚时仍然属于他个人，与妻子贾女士无关。

婚后随着家庭成员的增加，很多夫妻会考虑置换大房子或者学区房。婚前购置的房产一旦在婚后出售，售房款没有和婚后财产有效区分，就很容易发生财产混同，将来离婚时如果不能提供足够证据，就无法维护个人财产权益。

婚后置换房产时，如何保护个人婚前财产呢？

第一，保留好出售合同和收款凭证，把婚前房产的出售款单独放到一个

新开的或是专供婚前财产使用的银行账户中，和工资卡、婚后常用银行卡区分开。

第二，购置新的房产时，直接将购房款从新开的或是专供婚前财产使用的银行账户转到开发商、中介或房主账户，不要和婚后积蓄的资金汇集到同一张银行卡再转账。

第三，如能和配偶签署一份婚内协议，按照出资份额，明确置换后房产各自的持有比例，就更稳妥了。

（2）现金嫁妆。

人民健康网曾于2017年4月18日转载《中国妇女报》的一篇文章——“拿不出嫁妆被离婚，我该怎么办?”文章中讲述了女孩芸芬的故事。芸芬是香港人，老家在闽南，经人介绍结识了老家闽南的一位男青年，并决定结婚。在闽南，结婚风俗是嫁女儿会给很多嫁妆。但是，在登记结婚后没几天，芸芬家里经济出了很大问题，没法给她太多嫁妆。于是，男方提出离婚，原因是他家欠别人300万元，需要找个有500万元嫁妆的女人帮他还债。芸芬对这段感情非常失望，又舍不得分开，向情感专家咨询自己该怎么办。

作为保险业人士，芸芬的经历让我毛骨悚然：这位男士利用老乡的关系，找到家在香港、经济条件还不错的芸芬，他是不是有预谋地和她恋爱、结婚?结婚之前没有谈嫁妆的事，可能一是因为给女儿办大额嫁妆是当地的风俗，二是因为婚前父母给的现金属于个人财产，离婚时作为丈夫无法分割。相信很多女性以及有女儿的父母看到这里都会和我有同样的感觉，只想告诉芸芬：“你应该感谢命运的安排，也感谢对方的坦诚，让你逃过了一场骗财的婚姻阴谋。”

我跟不少客户聊到孩子的婚姻时，他们都表示，将来孩子找对象，一定会帮忙“掌掌眼”。但大家都知道，很难要求孩子完全听父母的。被问及“如果你觉得对方不靠谱，但孩子坚持要结婚，你会怎么办”时，几乎所有父母都会陷入沉默。现在这个年代，“打断TA的腿”虽然是真实想法，结果只会适得其反，甚至还可能触犯法律。“儿孙自有儿孙福”，说说还行，动真格的又做不到。

说回闺女的嫁妆。婚后给的任何财产，包括现金、房产在内，如果没有特别说明只是给闺女一个人的，就算作婚后赠予，是小两口的共同财产。芸芬的老公欠债300万元，要500万元嫁妆，很可能是给以后离婚分一半留了后路。如果芸芬的父母稍微有点风险意识，就会把给嫁妆的时间安排在结婚之前。

婚前给现金作为嫁妆，婚后最大的风险就是财富混同。

现金流动性很高，婚后特别容易和婚内财产混同。假设芸芬的父母在芸芬结婚前给她500万元现金，芸芬婚后禁不住老公的甜言蜜语，300万元给老公家还债，200万元和老公共同打理，和老公在一起生活3年，现在两人要离婚，如果分割财产：这3年两人总计收入100万元，开销60万元，结余40万元。嫁妆中剩余的200万元由于老公炒股亏损了50万元,剩余150万元。两人账户中共剩余190万元。那么财产该如何分割？芸芬又该如何举证哪些是自己的婚前个人财产，哪些是两人的共同财产？

要避免混同，需要芸芬婚后用嫁妆钱时十分谨慎：开立一个专用账户，使用过程中严格控制这个账户与其他账户之间的往来。但像傻傻的芸芬偏遇到这么精明的老公，通常说来是算计不过对方的。

即便芸芬很谨慎，开立了专用账户存放这500万元现金嫁妆，婚后也不可能一直放在银行卡活期账户里，总要打理的，比如买银行理财产品，或是基金、股票等。总之，只要不是国债和银行定期存款，投资收益就属于夫妻共同财产，因为她在婚后为打理这笔钱付出了时间和精力。

《婚姻法司法解释（三）》第五条规定：

> 夫妻一方个人财产在婚后产生的收益，除孳息和自然增值外，应认定为夫妻共同财产。

《婚姻法司法解释（二）》第十一条规定：

婚姻关系存续期间，下列财产属于婚姻法第十七条规定的“其他应当归共同所有的财产”：（一）一方以个人财产投资取得的收益。

所以，不建议完全用现金作为闺女的嫁妆。

（3）股票做嫁妆。

用金融资产比如股票、基金作为嫁妆，在婚前给孩子开好账户、存好钱，同样要注意财产混同的风险。除非孩子在婚后一直持有婚前购买的股票和基金，没有进行任何交易，才能在离婚时被判定为个人财产：本金属于婚前个人财产，收益属于婚前财产的自然增值，都不会进行分割。

如果孩子婚后觉得某只股票增值空间不大，或是产生了亏损，不愿意继续持有，把股票、基金赎回到银行卡账户，而这张银行卡又在婚后经常使用，甚至就是自己的工资卡，那么这笔本金和婚后财产就很容易发生混同。如果孩子婚后觉得其他股票或基金更有增值空间，进行了换股操作，投资收益就属于夫妻双方共同财产，因为付出了婚后的时间和精力进行打理。

比如小丽结婚之前，父母给她的股票账户存入 1 200 万元，购买 A 股票。婚后，A 股票不断下跌，小丽请教了某炒股专家，加上自己长期研究，认为 A 股票不如 B 股票的增值空间大，于是卖出 A 股票，获得 1 000 万元现金，然后买入 B 股票。3 年后，小丽和老公感情破裂，打算离婚，此时 B 股票市值 1 400 万元。怎么分割呢？ B 股票的本金 1 000 万元是小丽的婚前个人财产，收益 400 万元是小丽和老公的夫妻共同财产，各分一半，也就是小丽拿走 1 200 万元，老公拿走 200 万元。

金融资产总是需要打理的，总不能为了避免投资收益被对方分割而任由资产贬值。如果要避免投资收益被对方分割，就要和另一半签订婚姻财产协议，明确约定婚前资产的婚后增值部分仍属于个人财产，不是婚内共同财产。而这种约定往往是保全了财产，伤害了感情，能接受的人不多。

2. 年金保险如何解决闺女嫁妆的安全性

最近几年，用人寿保单作为结婚礼物的父母多了起来，大家逐渐认识到人寿保单除了有确定、安全的投资属性外，还有法律结构的稳定性和特殊性，是婚前财产的“现金保险库”。

丁总是某公司董事长，女儿小美和恋人小刚到了谈婚论嫁阶段。对于闺女的嫁妆，丁总早有打算。5 年前，丁总为女儿投保了一份总保费 1 000 万元的年金保险，以小美自己为投保人和被保险人。从第 10 年开始（也就是结婚后第 5 年）小美可以每年领 40 万元生存受益金，领到 88 岁时还能把 1 000 万元本金领回。

如果小美和小刚生活甜蜜，每年稳定的 40 万元现金流会让他们的生活锦上添花。如果生活上用不到这 40 万元，可以进入万能账户持续升息。如果他们的婚姻不幸走到尽头，这份保单的价值属于小美的婚前个人财产，小刚不能分割。每年 40 万元的生存受益金，可以始终给女儿的生活提供充足保障。

购买年金保险作为嫁妆，有两个问题需要详细解释一下。

（1）如何保证年金保险在离婚时不被分割。

年金保险会不会作为婚内财产被分割，取决于保费是用婚前个人财产交保费，还是婚后夫妻共同财产交保费。上面案例中，小美在婚前用父亲丁总赠与的钱购买年金保险，并且在婚前交完全部保费，这张保单的价值就属于小美的个人财产，离婚时不会被分割。

（2）年金保险为什么能避免和婚后财产混同。

小美购买的年金保险，相当于把钱存放在一个单独的保险账户中，不会和小美婚后的银行卡及理财账户混同。而且保障期限是终身，不需要小美进行任何打理，就能自动实现终身复利增值，所以收益也属于小美的个人财产。小美从婚后第 5 年开始每年领取的 40 万元生存受益金，也是属于她的个人财产，她可以用于日常生活开销。即便领取的生存金和婚后财产混同，因为金额较小，不会影响大局。如果她不需要这 40 万元，可以和保险公司约定，把 40 万元存入年金保险附加的万能账户继续增值，仍然独立于她的婚后财产。

3. 如何用年金险给闺女规划嫁妆

（1）何时规划。

用年金保险作为孩子的婚前财产，一是要确保婚前交完保费，二是如果希望孩子婚后立即能领取生存受益金，则应进一步提前规划。

比如丁总给小美投保的计划，如果在结婚之前 10 年投保，那么小美在婚后第 1 年就可以领取生存受益金。有的产品最短可以从投保后第 5 年开始领生存受益金，那么就需要至少在结婚前 5 年投保。我的很多客户都是在孩子刚出生或三四岁时，就提前规划教育金、婚嫁金的基础方案，后面随着收入和资产增加，再逐步加保。

（2）如何合理设计方案。

丁总选择的方案是以女儿小美作为投保人和被保险人。此外，还可以选择以丁总为投保人，小美为被保险人。保单价值是属于投保人的资产，并不属于被保险人，被保险人只有领取生存年金的权利，没有处置保单价值的权利。所以，如果以父母为投保人，将来小两口发生婚姻变故，这份保单是不会被分割的。

以父母为投保人更好，还是以子女为投保人更好呢？各有各的优势。选择以父母为投保人，如果父母身体健康，保单价值就是安全的。但如果父母不幸身故，保单就会被作为父母的遗产进行处理。遗产是属于婚姻共同财产，一旦小两口离婚，这份保单的价值就会被对方分走一半。解决办法是父母设立一份遗嘱，明确在父母去世后，保单投保人变更为孩子，并且保单价值归自家孩子所有，与孩子的配偶无关。

选择以子女为投保人，如果子女有正确的法律和财务观念，能有效掌控财富，妥善维持保单有效性，自然没问题。如果子女财富打理能力较弱，主动退保，保单现金价值就变现成现金，进入婚后银行账户，发生财富混同，甚至可能被挥霍掉，父母的苦心也会付诸东流。如果对子女确实不放心，建议考虑年金保险对接信托，由信托公司负责持有年金保单，生存年金也可以由信托公司领取后，再负责向子女发放。保单的掌控权不在子女手中，既不受子女婚姻风险影响，也不受子女财富打理能力的影响。

（3）选择什么类型的产品。

适于给闺女做婚嫁金的保险有两大类型，即年金险、增额寿险。年金险分为长期纯年金保险、短期年金保险附加长期万能账户、分红型年金保险。具体产品特点可以参照前面“教育年金险：为什么要提前准备孩子的教育费”这一节。

第一，从产品保障期限说，由于婚嫁金解决的是婚后长期的资金需求，所以不建议选择只保障 10 年、15 年的产品，最好是保障时间长甚至保终身的产品。

第二，从产品特点说，一般建议考虑纯年金保险或增额寿险。分红型产品的收益要看保险公司运营及投资情况，很难确定未来几十年市场利率如何变动、经营情况如何，所以不建议考虑这类产品。短期年金险附加长期的万能账户，短期年金险到期后，婚后资金安全保障主要靠万能账户，而万能账户的实际结算利率要看保险公司投资运营情况，真正有保障的只有“保证利率”。

第三，如果希望孩子婚后定期领取年金，建议考虑 5 年、10 年即可返还年金的产品。如果没有领取年金需求，只是解决资金安全保障，同时实现保本保收益，选择增额终身寿险更好。

第四，只有部分产品可以对接信托账户。如有对接信托的需求，需要特别注意对接信托的总保费要求（一般为 300 万元以上）。

寿险：如何把财富完整传承给下一代

我有时候会和闺女开玩笑说："等我死了，我的钱都是你的。"很多父母可能也都是这么想的。但如果毫无安排，这种想法一定能如愿吗？上海《崇明报》报道过这样一则新闻：居住在上海崇明区的奚女士与丈夫陆先生因感情不和准备协议离婚，此时奚女士的父亲突发脑溢血死亡。其父亲生前有商品房一套，银行存款若干。陆先生起诉到法院，要求分割奚女士刚刚继承的财产。

在奚女士和陆先生打算离婚的档口，相信奚女士的父亲如果活着，绝不会给女婿分一分钱。但偏偏是奚女士在婚内继承了父亲的遗产，而突发脑溢血死亡的父亲又没有来得及写遗嘱，对身后事进行妥善安排。

《中华人民共和国民法典》（以下简称《民法典》）第一千零六十二条规定："夫妻在婚姻关系存续期间所得的下列财产，为夫妻的共同财产，归夫妻共同所有：……（四）继承或者受赠的财产。"因此，奚女士继承的遗产确实属于夫妻共同财产，陆先生分割一半的请求会得到法律支持。

奚女士面临的窘境看似凑巧，实则和父亲没能提前做好身后财富安排有很大的关系。在中国传统文化里，大家很忌讳谈"死"，对身后的财富传承规划普遍不够重视，连写遗嘱的人都非常少。大家可以回避谈论风险，却不能回避风险。自己不主动安排，完全按照法定继承，最后结果很可能与大家的意愿完全不同，这就是法定继承带来的风险。

如何把财富完整地传承给子女而不受法定继承风险的影响呢？《民法典》为保护夫妻一方的个人财产做出了相关规定，第一千零六十三条："下列财产为夫妻一方的个人财产：……（三）遗嘱或者赠与合同中确定只归一方的财产。"因此，要想避免法定继承风险，可以采取立遗嘱或是投保人寿保险的方式。

1. 如何通过遗嘱和人寿保险防范法定继承风险

（1）遗嘱：建议采用公证遗嘱。

不是“有钱人家”才要立遗嘱（事实上，很多有钱人家也没有立遗嘱），也不是只有那些来不及道别的父母和婚姻出了问题的子女，才会遇到财富传承风险，没有提前做好财富传承安排的家庭，都可能遇到麻烦。凡是有财富传承需求的家庭，都应该提前立遗嘱，而且随着家庭财富和成员结构的变化，要及时更新遗嘱。

第一，遗嘱怎么立？

按照《民法典》第六编“继承法”的规定，遗嘱包括自书遗嘱、代书遗嘱、打印遗嘱、录音录像形式遗嘱、口头遗嘱（危急情况）、公证遗嘱。除对口头遗嘱要求在危急情况消除后，遗嘱人能够以书面或者录音录像形式立遗嘱的，所立口头遗嘱无效，其他形式的遗嘱具有相同的法律效力。

其中最简单的就是自书遗嘱，按照《民法典》第一千一百三十四条：“自书遗嘱由遗嘱人亲笔书写，签名，注明年、月、日。”代书遗嘱、打印遗嘱、录音录像遗嘱、口头遗嘱均需要有两名以上见证人在场，并且见证人不能是继承人和受遗赠人，以及与继承人、受遗赠人有利害关系的人。公证遗嘱要向公证机构申请办理。

第二，遗嘱继承有什么风险？

凭遗嘱继承财产之前，要先办理继承公证后才能将财产过户到本人名下。而继承公证这一关，可能因为继承人之间的纠纷导致无法完成。

比如，凭借遗嘱办理房产过户手续之前，要先到房屋所在地的公证处办理继承公证，领取继承公证书，然后再持房地产权证、继承公证书去房地产交易中心办理过户手续。

举个例子：老李有两个儿子，大儿子大李很孝顺，而小儿子小李的媳妇经常跟老李吵架。老李感觉自己时日无多，就立了一份遗嘱，将自己名下的一套价值千万元的房产留给大儿子。

老李去世后，大李凭借父亲手写的遗嘱和交给他保管的房产证去办理过户手续，房产交易大厅的工作人员却告诉他，得先去公证处办理继承公证，凭借继承公证和房产证来办理过户手续。

于是，大李拿着老李的遗嘱来到房子所在地的公证处办理继承公证，公证处工作人员告诉大李，除了老李的遗嘱外，还要提交死亡证明和合法继承人名单。遗嘱和死亡证明都是现成的，大李赶快去派出所办理了合法继承人名单证明。

可公证处工作人员说还是不行，因为合法继承人名单上显示有大李、小李两个人，需要大李和小李两人同时到场，书面确认对遗嘱内容无异议。这可让大李犯了难，早在父亲在世时，小李就知道有这份遗嘱，为此跟父亲翻了脸，现在让他书面签字，认可父亲把这套房子只留给哥哥，怎么可能呢？

而公证机关表示，按照《民法典》规定，如果没有小李签字，公证机构不能确认遗嘱效力。如果小李不配合签字，大李只能去法院起诉，主张按照遗嘱分割遗产，带着法院的判决书到房产交易中心过户即可。大李听完，脑袋一晕，他原以为靠父亲的遗嘱就能拿到房子，没想到后续还有这么多麻烦事儿。

《办理继承公证指导意见》第十四条规定：

公证机构办理遗嘱继承公证，应当按照下列方式审查确认遗嘱的效力：

（一）遗嘱为公证遗嘱的，公证机构应当对遗嘱内容是否符合法律规定进行审查，并向全体法定继承人核实，核实的内容包括询问被继承人有无其他遗嘱或者遗赠扶养协议，法定继承人中有无缺乏劳动能力又没有生活来源的人。法定继承人对公证机构的核实没有回复的，或者无法与法定继承人取得联系的，公证机构在对遗嘱进行审查后，可以确认遗嘱的效力。

（二）遗嘱为公证遗嘱以外的其他符合法定形式的遗嘱的，公证机构应当取得全体法定继承人对遗嘱内容无异议的书面确认，并经审查认为遗嘱的内容符合法律规定，可以确认遗嘱的效力。

如果老李在世时对遗嘱进行了公证，手续就比较简单了，公证处人员会给小李打电话确认他手中是否有其他遗嘱，或是小李有没有残疾或无生活来源的情况，只要确认都没有，就可以出具继承公证，不需要小李到场签字。

大李遇到的烦恼不是个别现象，遗嘱继承和法定继承，都必须办理继承公证手续，房管局、银行等才能帮助过户被继承人的生前财产。

因为老李没有对遗嘱进行公证，公证机关需要取得全体法定继承人对遗嘱内容无异议的书面确认后，才能确认遗嘱效力。如果继承人对遗嘱内容有争议，很容易引发诉讼纠纷，拉长整个继承流程。所以，为了继承人在办理继承公证时手续更为简单方便，尽管《民法典》中公证遗嘱与自书遗嘱效力相同，还是建议对遗嘱进行公证。

（2）人寿保单：通过设置受益人避免法定继承风险。

法定继承面临诸多风险，遗嘱继承避不开继承公证这道关口。而通过人寿保单传承资产就简单得多。投保人寿保险，可以自行指定受益人，受益人取得的保险金既不是遗产，也不是夫妻共同财产，而是明确属于个人财产。

第一，保险受益金不是遗产。

人寿保单中只要明确指定了受益人，并且被保险人去世时受益人仍健在，就不会作为遗产进行法定继承。

《保险法》第四十二条规定：

被保险人死亡后，有下列情形之一的，保险金作为被保险人的遗产，由保险人依照《中华人民共和国继承法》的规定履行给付保险金的义务：

（一）没有指定受益人，或者受益人指定不明无法确定的；

（二）受益人先于被保险人死亡，没有其他受益人的；

（三）受益人依法丧失受益权或者放弃受益权，没有其他受益人的。

第二，保险受益金不是夫妻共同财产。

保险合同中明确指定了已婚子女作为受益人，父母身故后，子女所取得的身故受益金属于个人财产。

最高人民法院公布的《第八次全国法院民事商事审判工作会议（民事部分）纪要》（以下简称《纪要》）中有这样一条规定：

（二）关于夫妻共同财产认定问题：婚姻关系存续期间，夫妻一方作为被保险人依据意外伤害保险合同、健康保险合同获得的具有人身性质的保险金，或者夫妻一方作为受益人依据以死亡为给付条件的人寿保险合同获得的保险金认定为个人财产，但双方另有约定的除外。

上述《纪要》中对保险金属于个人财产的规定，与《民法典》中“赠与合同中确定只归夫或妻一方的财产”属于个人财产的规定，有相同内涵。在法院判决离婚财产诉讼时，不会分割夫或妻一方作为受益人取得的保险金。

受益人取得的保险金既不属于遗产，也不是夫妻共同财产，与立遗嘱明确指定继承人有相同的法律效果。与遗嘱继承不同的是，保险金的领取非常简单，无须做继承公证。另外，定额寿险保单有杠杆功能，投保人交 1 倍的保费，受益人能领 2 倍、3 倍的保险金。

所以，对身后财富的传承，可以采用“两手抓”方式，一部分立遗嘱传承，一部分用人寿保单工具，简化继承人的领取手续，确保毫无风险，同时又加上杠杆。

举个例子，43 岁的魏先生是某企业高管，这些年和太太共同积攒了 2 000 万元金融资产和两套房产。为了确保这些财富全部传承给女儿魏小妞，魏先生做了如下规划：魏先生为自己投保 2 000 万元保额的人寿保险，每年交费 230 万余元，交 3 年，总保费 700 万元，受益人为魏小妞，受益比例 100%。魏先生去世后，女儿魏小妞可获得 2 000 万元受益金。

针对交完保费后剩余的 1 300 万元和两套房产，魏先生和太太一起设立遗嘱，声明这部分财产将来由女儿继承，属于魏小妞个人财产，与其配偶无关。

魏先生百年之后，财产分配如下。

第一，2 000 万元保险受益金归女儿所有。作为保险受益人，魏小姐只要提供保险合同、自己的身份证、魏先生的死亡证明（如图 3–1 所示），就可以获得保险公司的 2 000 万元赔付金。

3.3 保险金申请

若被保险人符合本合同约定的各项保险金的领取条件，请按照下列要求申请相应保险金：

3.3.1 身故保险金申请

若被保险人身故，申请人应填写保险金给付申请书，并向我们提供以下证明和资料原件：

1. 保险合同；
2. 身故保险金受益人的有效身份证件；
3. 国家卫生行政部门认定的医疗机构、公安部门或其他相关机构出具的被保险人的死亡证明；
4. 其它与确定保险事故的性质、原因等有关的证明和资料。

图 3–1 终身寿险身故保险金申请需要提供的资料

第二，魏先生和太太共同所有的 1 300 万元金融资产和两套房产，由女儿魏小姐和太太各继承 50%，其中魏小姐继承的部分属于个人财产。

魏太太和女儿需持遗嘱，到公证机关做完继承权公证后，再前往银行和房产交易大厅办理金融资产和房产的过户手续。

至此，女儿魏小姐获得 2 650 万元现金和两套房产 50% 的继承权，将来魏太太百年之后，凭遗嘱获得另 50% 房产和 650 万元现金继承权，共计 3 300 万元和两套房产。

保险受益人领取理赔金的手续非常简单，但在投保人寿保险时，一定要指定受益人，否则受益金会作为被保险人遗产，由法定继承人继承，同样避不开法定继承风险，避不开继承权公证关。

2. 作为财富传承的寿险保单应如何规划

（1）正确安排投保人、被保险人、受益人。

寿险保单的优势在于它可以通过对投保人、被保险人和受益人的合理安排，实现特定的法律意义。投保人，是出保费的人；被保险人，是受保障的人，寿险保单只有当被保险人去世时，受益人才能获得理赔金；受益人，是领理赔金的人。

当作为财富传承工具时，被继承的人，比如父亲或是母亲，为被保险人；继承人，比如女儿或儿子，为受益人。被保险人——父亲或母亲健在时，作为投保人交保费，当父亲或母亲身故，女儿或儿子拿到理赔金，也就完成了财富从父母向子女的传承。

投保人是负责交保费的，如果是金额较大的保单，比如保额超过500万元，那么保险公司要审核投保人的交费能力。被保险人是负责传承的，所以保险公司会审核被保险人是否具备相应可传承的“身价”，以规避逆选择风险。举个例子，爸爸年收入10万元，家庭总资产30万元，爸爸打算通过购买人寿保险的形式向儿子传承1 000万元，显然超出了这位爸爸可传承的“身价”，保险公司是不接受的。财富传承目标要与家庭总体资产水平相当，一般终身寿险保额不超过个人年收入的10～15倍，或是个人名下资产数额。

（2）购买什么样的产品。

作为财富传承的寿险保单，都是保终身的产品。可以作为财富传承的保险产品有两大类：寿险和年金险（年金险也属于寿险保单，同样具备传承功能）。产品之间的区别在于对身故赔付的标准不同。

本书第二章中“寿险：不幸离世，家人如何渡过难关”一节，讲述了终身寿险的两种类型：杠杆终身寿险和增额终身寿险，这里复习一下：

杠杆终身寿险就像重疾险，交保费后，立即获得一个固定的身故赔付保额。比如45岁男性，每年交45万元保费，交10年，保额固定为1 000万元，保障终身。增额终身寿险身故赔付保额最初不高，一般仅为已交保费的 1.6 倍、1.4 倍或 1.2 倍，但随着年龄增长逐渐增加。如 45 岁男性，每年交 45 万元保费，交 10 年，第 1 年的身故保障只有 63 万元，然后逐年增长，到 72 岁时增长到 1 000 万元，超过杠杆终身寿险保额，到 85 岁增长到 1 500 万元，到 100 岁增长到 2 546 万元。

年金保险对身故的赔偿标准，一般前期（保单价值较低时）赔付已交保费，后期（保单价值较高时）赔付保单价值。

具体选择哪种产品，主要看以下两点。

一是看被保险人的身体情况如何，根据核保严格程度，杠杆终身寿险 > 增额终身寿险 > 年金保险。如果已经有三高等疾病，杠杆终身寿险很难通过核保，建议考虑增额终身寿险或年金保险。

二是看需求。在身体条件允许的前提下，如果更侧重最近二三十年的生活保障，建议选择杠杆终身寿险，从投保伊始就可以获得较高保额。如果更侧重二三十年后的保障，建议选择增额终身寿险，随着年龄增长，后期保额越来越高。如果希望同时兼顾在世时的现金流和身后传承，则可选择年金保险。

另外，部分寿险、年金险产品可以对接信托，实现保单资产与被保险人的其他财富隔离，或受益金与受益人的其他财富隔离。

第四章

买对保险，帮助父母安度晚年

医疗险：要不要倾家荡产治疗患癌症的老人

在某知识问答社区，有这样一个问题：倾家荡产治疗患癌症的老人值得吗？题主说："从比较冷血的角度看，就算从病魔手里救下来，时间也会带走他吧。"是啊，每个人都有一死，但70岁和80岁还是有区别的吧？

我妈经常说，如果她得了大病，就不要治了，不想给子女添负担，我听着很难过。如果能治，作为子女肯定要劝她好好配合治疗。如果治疗过程确实很痛苦，可以采取以减轻痛苦为主的保守治疗。总之，任其自生自灭是不可能的。

的确有老人为了不拖累子女而放弃治疗，但求生是人的本能啊。况且，如果老人的求生欲确实很强呢？北京大学人民医院重症监护病房的赵慧颖、李晖两位医师在《死亡如此多情》一书中，讲述了这样两位老年病人（引用有删减）：

2011年年底，我们重症监护病房先后进来两位患者，虽然他们住在1号和2号两张相对的病床，却面临着截然不同的命运。

1号病床住的是位80多岁的女性患者，因脑梗、心梗入住ICU，来自北京昌平农村，有5个孩子。老人虽然有医保，但ICU的高额花费，让她的孩子们难以承受。2号病床的患者是位近70岁的男性，脑部有大量出血，神志不清，情况不容乐观。患者有两个儿子，大儿子经营一家小公司，负责支付大部分医药费，小儿子经济条件一般，但也对照顾父亲尽心尽力。

让我们都觉得很难受的是，过完年之后，1号病床患者家属决定放弃对母亲的全部治疗，撤掉呼吸机，并将她转到普通病房。当时从患者的病情来看，再用上一段时间的呼吸机，就可以逐渐撤下来了。我们跟患者家属讲，老太太现在正逐渐好转，不应该放弃治疗，但子女们的态度非常坚决。无奈之下，我们只能让他们签了字。

当我们告诉患者要给她撤掉呼吸机的时候，她使劲摇头。呼吸机被撤掉后不久，患者便开始出现严重呼吸困难。因气管插管，患者不能说话，但是能看出她非常痛苦，并一直用哀求的眼神看着我们，让人很心疼。虽然我们都很想为她重新配上呼吸机，帮她缓解痛苦，但无法违背她家人的意愿，只好握着老太太的手安慰她，此时，我们感到个人的力量是如此的渺小。隔天清晨，患者便停止了呼吸。

相较之下，2号病床患者虽然病情更为危重，却因有两个儿子的悉心照料，病情逐渐好转。患者的儿子们会把自己孩子对爷爷的祝福录下来，拿到病房放给他听。听到录音机里孩子们稚嫩的声音说："爷爷您快点好！我们在家等您回来！"我们都不禁感叹，有如此孝顺的儿子和可爱的孙子，真的很幸福。

2号病床患者入院时，肺部感染十分严重，但经过医生的全力治疗和家属的悉心照顾，在ICU治疗两个多月后，病人顺利摆脱呼吸机，并能对呼唤他的人给予回应，病情得到了很大改善。虽然这称不上奇迹，但患者能从最开始的危重状态恢复到现在的程度，多亏了家属的悉心照料和对治疗的全力支持。

1号床患者的5个子女在母亲的生命和高额费用之间，选择了放弃母亲的生命，大家很难对他们进行道德上的指责。在中国传统的孝文化中长大，他们内心肯定有过很多挣扎，想必给母亲张罗葬礼时，几个子女内心是极为悲凉的。而2号床的老人，两个儿子都非常孝顺，一个人出钱，一个人出力，帮助父亲顺利延长了生命。

《死亡如此多情》这本书里还有协和医院急诊科于莺医生讲述的一个老年病人的故事（引用中有所删减），患者的女儿虽然也放弃了对父亲的治疗，但后半生应该没有遗憾，当她以后回忆起父亲时，内心肯定是很平静的。

一天，血透室送过来一个病人，80多岁，是离休老干部，公费医疗，医疗费用全额报销。看到这种情况，我悄悄跟年轻大夫说，看来他们家什么（治疗手段）都会做。

病人的老伴来了，80 岁左右，穿戴很整齐，话很少，静静地在一边坐着，一看就知道受过高等教育。他的女儿 40 岁左右，穿着很朴素，从外表根本看不出来自高官家庭。我跟她们讲了治疗方案和所需费用，对公费医疗病人来说，这些费用可以全额报销。

接着，我又跟他女儿讲，老先生的病情会反复发作，一次比一次严重，治疗过程中会非常痛苦。女儿向妈妈求助："妈妈，您看怎么办？"老太太想了想，说："我老伴得了肿瘤这么多年，已经花了国家很多钱，我们不想让他受罪了，不折腾了。"

后来，我们采取了折中的方法，让病人不再那么痛苦，能撑多久撑多久。大概撑了 3～5 天，病人不行了，病人走得很平静。他的家人也很平静，不像有的人又哭又喊，她们只是悄悄地掉眼泪，边掉眼泪边收拾东西。

凌晨 3 点，她们把老先生送到太平间，收拾好东西，护士也已经把患者的床位收拾干净。这时我从抢救室向外走，走到急诊大厅，发现母女两人在那儿等着我。女儿说："于大夫，特别感谢你。最后的时候我们也犹豫过，要不要积极抢救，但是你说的话，我和我妈妈都认为很对。虽然我父亲走了，但是看到他真是没有太受罪，我们能够接受，非常感谢你。"

这位老人，ICU 的费用可以全额报销，女儿和老伴儿放弃治疗，考虑的纯粹是医疗手段的效果及老人的感受。老人得了癌症，治和不治，都需要资本。治，得能花得起钱，并且愿意为老人花钱；不治，也得能花得起钱，不是不愿意为老人花钱，而是考虑到老人的生存质量。有勇气跟医生说不治，并且坦荡而有尊严地离开，需要实力支撑。所以在能奋斗的年纪别松懈，狠狠地赚钱、存钱，每一分储蓄都会变成选择的底气。

解决大额医疗费用，在医保之外，还需要商业医疗险。就拿最普通的百万医疗险来说，一位 60 岁老人每年保费 1 500 元左右，每年最高可报销住院医疗费用 200 万元。虽然保费会随着年龄和医疗费用水平自然增长，但相比可报销上百万元的医疗费用来说，依然非常划算。

如何为老人规划医疗险？

第一，注意投保年龄。大部分医疗险的初次投保年龄限制都是60岁，个别产品可以放宽到65岁。注意这是初次投保年龄，一般续保年龄可达99岁、100岁，所以一定要早给老人做规划。

第二，做好健康告知。医疗险是核保最严格的健康险，身体不满足要求就不能买。这道关对很多城市老人来说是个大问题，年年体检，查出来的问题也都不算小，其中血糖高、血压高、心脑血管隐患这3个问题，就把80%的老人关在医疗险门外了。这些老人可以考虑防癌医疗险。防癌医疗险就是只报销癌症费用的医疗险，首次投保年龄一般最高为70～80岁。比如60岁老人，每年保费1 500～2 000元，每年最高报销因治疗癌症产生的医疗费用200万元。防癌医疗险的健康问卷一般比较简单，不问血压、血糖、心脑血管问题。

第三，尽量购买续保条款较好的产品。大部分医疗险不能保证续保，极少数医疗险可以保证续保6年、15年或20年，但受首次投保年龄限制，老人超过50岁就不能购买了。购买交一年保一年的产品，最大的风险就是万一产品停售，老人年龄又比较大了，身体情况可能也恶化了，就没办法再买医疗险了。目前，有个别防癌医疗险产品可以保证终身续保，个别医疗险产品可以保证续保6年，建议作为首选。如今很多省区市推出了惠民保险，也是一种商业医疗险，可以报销医保内或医保外费用，并且对身体条件要求不高，大家可以为老人购买一份。

意外险：老人摔伤，医疗和护理费用怎么办

有一位客户杨先生，他母亲在登高拿东西时不慎摔落，锁骨、髋骨多处骨折、骨碎，在医院住院十几天，花费42 375元。社保报销了23 113元，剩

下的 19 262 元都需要杨先生自己承担。好在杨先生之前在我这里给老妈买了一份“大意外”保额 30 万元 +“小意外”报销额度 1.5 万元的意外险，另外还有每天 200 元的住院津贴。母亲出院后，杨先生购买的意外险按照封顶额度共计报销 1.5 万元，另外支付 3 600 元住院津贴，共计 18 600 元。也就是说，住院总花费 4 万多元，最终杨先生仅自付 662 元。

老人上了年纪，腿脚不利落，容易发生磕磕碰碰、跌打损伤等风险，而且后果往往比年轻人严重。像杨先生母亲的情况，如果购买的是百万医疗险，由于有 1 万元免赔额，将会对杨先生自付的 19 626 元，扣除掉 1 万元后，报销 9 626 元。报销额度比意外险少将近 1 万元。而且由于杨先生的母亲有心血管疾病，无法投保百万医疗险，只能投保防癌医疗险，对骨折住院无法理赔。

搜狐新闻报道过这样一则意外事故：84 岁的奚爷爷，在乘坐公交车时发生了意外。下车时，老人家刚伸出一条腿落地，司机就发动了汽车，导致老人家摔倒在地，右胯骨骨折。经过医院 X 光检查后，医生诊断，老爷子以后再也站不起来了。由于没有证人，公交车队不承认过错，拒绝赔偿。高额治疗费让本不富裕的奚家雪上加霜。

奚爷爷因右胯骨骨折导致再也站不起来，失去行动能力，按照《人身保险伤残评定标准》，至少属于五级伤残——单瘫的情况，意外险赔付比例为保额的 60%。也就是说，如果有 100 万元意外险，可以赔付 60 万元，用于日后雇保姆照顾生活，即便无法通过诉讼获得赔偿，也不会给子女造成太大负担。

老人买保险虽难，但买意外险并不难。给老人买一份意外险，至少可以把大小意外风险都保进来，自己的负担能减轻多少是多少，老人的养老钱能省下多少是多少。

如何为老人规划意外险？

第一，尽量选择能报销社保外费用的意外险。在给老人选购意外险时，尽量选择意外医疗责任中包含社保范围外费用的产品，弥补社保报销范围受限的不足。

第二，尽量投保较高额度的意外身故、伤残保额。老人因为身体机能下降，发生意外伤残的概率大大增加。购买高额意外险，赔付伤残保险金，可以为老人伤残后的护理奠定经济基础。

普通意外险一般最高投保年龄为 65 岁，超过 65 岁就只能买老年人专属意外险。但是，老人专属意外险主险保额很低，一般只有 5 万元、10 万元或 20 万元的身故和伤残保额，更侧重意外医疗费用报销。所以，65 岁以下的老人，建议购买普通意外险，而非老人专属意外险，尽量把保额做到 50 万～100 万元。如表 4–1 所示。

65 岁之后就只能购买低额度意外险吗？也不是。如果在父母符合年龄条件时，比如 60 岁之前购买了长期意外险（比如保终身的高额意外险），就可以在 65 岁后仍然拥有较高保额。如表 4–1 所示。

第三，注意收入、职业等符合投保要求。确保老人的职业属于可承保范围，投保时如实填报职业，大部分意外险都可以承保离退休老人。同时，还要注意老人收入是否可以购买所需保额。比如，某款意外险产品对于年收入低于 10 万元的人群，最多购买 50 万元保额，假如老人每月退休金为 4 000 元，购买这款产品时，保额就不要超过 50 万元。如果需求是 100 万元，可以通过多款产品搭配的方式来实现。

表 4–1　3 种适合老人的意外险示例

产品类型		长期意外险	1 年期意外险	
产品特点		A—普通意外险	B—普通意外险	C—老人专属意外险
投保规则	保障期限	终身	1 年	1 年
	投保年龄	不超过 60 岁	不超过 65 岁	50 岁～85 岁
	职业类别	1～4 类	1～4 类	离退休老人

续表

产品类型		长期意外险	1 年期意外险	
产品特点		A—普通意外险	B—普通意外险	C—老人专属意外险
意外身故 意外伤残	意外身故	50 万元	50 万元	10 万元
	意外伤残	50 万元，按伤残等级对应比例赔付	50 万元，按伤残等级对应比例赔付	10 万元，按伤残等级对应比例赔付
其他	意外医疗	×	2.5 万元 / 次事故	3 万元 / 年
	住院津贴	×	300 元 / 天或 600 元 / 天	80 元 / 天
保费	年龄 / 性别	50 万元保额，交 10 年，保终身	50 万元保额，交 1 年，保 1 年	10 万元保额，交 1 年，保 1 年
	60 岁男	1 520 元 / 年	750 元 / 年	399 元 / 年
	60 岁女	1 865 元 / 年	750 元 / 年	399 元 / 年

养老年金险：妈妈太节省了，怎么让她放开些

很多老人虽然有退休金，但花钱依然很小心。如果保险公司每个月给额外发一部分养老金，情况会不会好很多？

小明的爸爸妈妈都是普通工薪阶层，一辈子省吃俭用，把钱都攒下来供儿子读大学、读研究生。小明毕业后在北京工作，爸爸妈妈又掏空积蓄，帮他支付购房首付款。两位老人虽然有退休金，但每月一共四五千元也不算多，总是不舍得吃、不舍得穿。

最近小明升职，收入翻了 1 倍，他首先想到的就是怎么能给爸爸妈妈一些生活补贴。直接给钱他们肯定不要，不如买份养老年金险。于是，他为 60 岁的妈妈购买了一份养老年金险，每年交费 8 万元，交 5 年。妈妈从 65 岁开始每月领 2 000 元养老金，一边领钱一边增值，活得越长，领得越多。妈妈领到 90 岁，共计领 60 余万元。如果此时妈妈不在了，小明可以领回 11 万余

元，总利益 70 余万元。

小明回家告诉父母已经帮他们办理了这样一份年金保险，妈妈说："那我们可得多活几年，多活多赚。"

规划养老金要趁早，领同样数额的养老金，越早规划，保费成本越低。但对于已经退休的老人，子女想孝敬他们一笔钱，买养老金保险是很好的方式。以绝大多数父母的节俭程度，不舍得花掉子女给的一笔金额较大的钱，但转换成保险公司每月给发放一两千元，则可以很好地补充他们的养老金。由于是保险公司发的，父母花起来更能放得开。而且养老金"活得越久，领得越多"，对父母既是一种美好的祝福，也能调动老人保养身体的积极性。万一子女遇到极端风险，还能解决老人日后的生活问题。

如何给父母规划养老金呢？

1. 选择父母可以投保的产品

因为父母年龄较大，规划养老金时，一要看父母是否符合投保年龄要求，二要尽量选择养老金领取金额更多的产品，三要尽量缩短交费年限，最长不要超过 5 年，早交完，父母可以早领取。

2. 如果对接养老社区，要综合考察

还有朋友为父母咨询能对接养老社区的养老保险产品，这需要综合考量养老社区和养老金保险产品。

第一，关于养老社区。可以视老人的年龄和需求，考察养老社区的硬件环境、医护服务、社区文化活动等。还要考虑养老金保险对接的养老社区资格，比如总保费要求是多少，是优先入住还是保证入住，入住后的月费等。

第二，关于养老金保险产品。在对接养老社区资格的同时，还要考虑养老金领取金额。最好能用养老年金覆盖养老社区的费用。养老年金保险分为分红型和纯养老金，对于养老来说，确定性越高越好，尽量选择纯养老金产品。

如果选择分红产品，则建议确定领取部分越高越好。

此外，还要考虑老人年龄是否能投保养老年金保险。如果老人年龄不算大，可以以老人为被保险人购买保险，获得养老社区“保证入住”资格。如果老人年龄比较大，则可以以孩子为被保险人购买养老金保险，父母入住时如果社区床位不紧张，可以使用“优先入住权”（较其他客户优先入住），待到子女将来入住再使用“保证入住权”（申请后一段时间内确保入住）。

父母的养老金要设置好受益人。养老金产品主要是保障养老，部分养老金产品保证最少领取20年或30年。如果父母只领取了十几年就去世了，剩余未领的养老金可以支付给受益人。给父母购买养老金保险时，要设置好身故受益人，以免领取受益金时手续复杂。

重疾险、防癌险：父母生病，请护工还是自己照顾

以下是两位老人生病后的经历和心路历程，来自豆瓣阅读《我在这世上太孤独》，作者戈舟。

我们住院后，两个孩子都回来了，其实用不着。他们回来，并不能改变我们需要救治这个事实，而且，他们也给不出更好的解决方案。当然，这是理性的看法。

但是这一次我不这么认为了，当孩子们出现在病房门口的时候，那一刻，我真的感受到了情感上的满足。

那一刻，我居然有些伤心，就好像自己受了什么天大的委屈一样。老伴儿更是哭得一塌糊涂，孩子们越安慰，她哭得越凶。好在我还算比较克制，如果我也落泪，孩子们会感到震惊的。

我从来没有在两个儿子面前掉过泪。孩子们不会理解他们的父母怎么会变得如此脆弱，就像我年轻的时候一样，也一定是难以理解如今的自己。

在医院陪了我们几天，看我们的病情都稳定下来了，孩子们就回北京了。他们太忙，是我让他们回去的。有生以来第一次，我在理性思考的时候，感到这么违心。

孩子们走后，我和老伴儿突然变得特别亲。不是说我们以前不亲，而是这次事情发生后，我们之间那种相濡以沫的情绪变得空前浓厚。

我们俩的病床挨着，各自躺在床上，伸出手，正好可以牵住彼此的手。我们就这样躺在病床上手拉着手，连护士看到都笑话我们，说我们比初恋的情人还要亲密。

……现在我和老伴儿又有了一个共识，那就是住院两个人必须一同去，反正以我们现在的身体状况，任何时候都够得上住院的条件。我想，也许我们最终的那个时刻，会是双双躺在医院的病床上，彼此看得见对方，一同闭上眼睛。

躺在医院的病床上，无论是否需要照顾，老人都是很需要子女陪伴的。但大家想想，有多少父母就算生病都不愿意告诉孩子，能让老伴伺候的，绝不麻烦子女。就像上面这位老人说的，让孩子回北京工作，他是违心的。

我怀孕期间，因为通勤不方便，曾包过一辆车接送我上下班。那位司机大哥 40 多岁，女儿还在上大学。了解到他没有工作，我很惊讶。他跟我解释：以前他在一家广告公司做市场营销工作。两年多以前，他母亲得了重病，需要照顾。父亲早年就去世了，他家有 5 个兄弟姐妹，都没有退休，他是最小的孩子。老妈一直跟他生活在一起，帮他照顾孩子花费的精力和时间也最多，他觉得应该主要由自己负责照顾老妈。广告公司的工作节奏很快，请几天假都很难，更别说请长期事假。因为老板脸色太难看，他只好辞职。

大哥非常自豪地说，由他每天贴身照顾后，老妈的病情缓解了很多，本来医生说只有半年时间，后来坚持了两年多才去世。他说，照顾老妈的两年多里，在病房陪床都算是好的，有时候不让陪床，他不放心，就在病房外面的楼道里打地铺。老妈住到 ICU，医院不允许探视，但如果家属在外面，护士就会对病人更上心些，所以他经常在 ICU 门外一待就是一天。他说：“老妈伺候了我一辈子，在兄弟姐妹里也最疼我。养儿千日，用儿一时，我辛苦点也是应该的。那两年没想过工作的事儿，家里就靠媳妇挣钱。等老妈走了，再想找工作，发现挺难的。”

这位大哥的经历对我触动很大。“树欲静而风不止，子欲养而亲不待”，父母最需要子女的时候，就是生命最后的几年。虽然大家不一定像大哥一样，亲自承担护理工作。但在父母重病时，谁不想陪在身边，让他们在最后一程握住儿女的手，走得心里踏实？这一程对有的老人来说可能只有几天、几个月，对于另一些老人来讲可能是几年。

大部分人的工作，都像这位大哥一样，停下来就有不可估量的损失。

去年的某个早高峰，我在地铁上遇到一位五六十岁的阿姨。当时我们俩并排站着，我前面的座位空出来时，阿姨近乎讨好地跟我说：“姑娘，你能让给我坐下吗？”我说当然没问题。她谢了又谢，说：“夜里在医院给老妈陪床，很困，我想睡会儿。”她坐下后很快就进入了梦乡。我看着阿姨极度疲惫的脸色，想到她也是一位老人，大概率已经退休了，虽然照顾老妈不需要辞职，也不会影响家庭收入，但她没有那位 40 多岁的司机大哥精力那么好。

无论对谁来说，照顾病重的父母都不是个轻松的事情。其实，想想我们小时候父母怎么照顾我们，再想想他们需要我们照顾不过是几年而已，苦点累点本就是应该的。

一位同事老姐姐，跟我说起她母亲去世前，孩子在上高中，自己也赶上更年期，上有老下有小，自己身体还不怎么好。为了兼顾，她花两倍价钱请了一位保姆在医院贴身护理母亲，自己每天过去陪母亲说话，给保姆搭把手，把母亲照顾得很好，没留遗憾，自己也没累垮。

在父母病重时，大家肯定都想尽力做好最后的护理和陪伴。此时，如果有较好的经济条件，可以让这件事尽可能地轻松些。我说轻松，不是“逃避”的意思，而是让陪伴这件事没有那么疲惫和沉重。如果父母有一份重疾险，生大病时可以赔偿五六十万元甚至上百万元，用于请人护理也好，给子女作为收入损失补偿也罢，对子女来说可以缓解经济压力，对老人来说更能缓解给子女添麻烦的心理压力。

如何为老人规划重疾险、防癌险？

1. 注意投保年龄和交费期限

大部分重疾险的投保年龄最高是60岁，个别产品最高65岁。老人买重疾险比年轻人贵很多，一是年龄越高，保费成本越高；二是老人可选择的交费期限较短，比如60岁老人最多选择5年交费，跟年轻人可以拉长到20年相比，单年度保费和保额之间的杠杆就小多了。

如果保费预算较充裕，给老人买重疾险仍然比单纯存一个储蓄账户划算。虽然总保费跟保额可能差不多，但重疾险有轻症豁免责任，一旦老人罹患轻症，比如做了心脏支架手术，后面的保险费就不用交了，一些优势重疾险还可以赔付两次重疾。如果老人一生平顺，没得重疾或轻症，老人去世后，子女还能把保费都拿回来，也并不吃亏。

2. 做好健康告知

老年人重疾险和防癌险保障责任及保费示例，如表4–2所示。

但重疾险对身体健康也有要求，如果老人有高血压、糖尿病、冠心病等，就买不上重疾险了，可以考虑防癌险。防癌险只保癌症，当老人罹患癌症时，可以赔付一笔钱，相比重疾险杠杆更高些。如果老人一生平安，去世后，子女也可以把保费都拿回来。

表4–2 老年人重疾险和防癌险保障责任及保费示例

		重疾险	防癌险
基本规则	保障期限	终身	终身
	投保年龄	30天～60周岁	50周岁～75周岁

续表

		重疾险	防癌险
保障责任	重疾	100 种重疾赔 2 次，每次赔 100% 保额	恶性肿瘤，赔 1 次，赔 100% 保额
	轻度疾病	20 种中症赔 2 次，每次赔 50% 保额 40 种轻症赔 3 次，每次赔 30% 保额	原位癌，赔 1 次，赔 50% 保额
	身故 / 全残	未理赔重疾，赔 100% 保额	未理赔恶性肿瘤 赔累计已交保费或现金价值
	保费豁免	轻、中、重症豁免保费	原位癌豁免保费
保费测算	30 万元保额，10 年缴费		
	55 岁男	34 161 元	17 463 元
	55 岁女	27 450 元	12 834 元

寿险、年金险：失独老人如何度过晚年

年轻人应该规划好自己的寿险，提前帮助父母做好老年阶段资金安全规划，万一自己发生极端风险，可以为父母安然度过晚年提供保障。

贾玲导演的《你好，李焕英》中，贾玲自感从小到大没能让妈妈骄傲，内心对母亲充满愧疚。她对母亲说："来世我做你妈妈。"听到这句台词，我泪流满面。我们对父母总是有太多亏欠。对贾玲来说，是子欲养而亲不待。而对那些白发人送黑发人的父母来说，他们的老年生活，会因失去孩子而承受巨大的悲痛。

2020 年，辽宁男子新婚当天离奇坠楼身亡的新闻一度引起很多人关注。事情的经过是这样的：锦州石化新区西区一栋居民楼发生一起坠楼事件，37 岁的男子王先生从家里 15 楼意外坠亡，当天他家里正在举办婚礼。事出蹊跷，王先生的父母和新婚妻子都不了解他为什么跳楼。

除了老年丧子之痛，更让王先生的父亲不能接受的是，儿子死后第二天，新婚儿媳妇就去法院进行了诉前财产保全，要求分割儿子名下的 183 万元存款。老父亲表示，其实这 183 万元千真万确是他的，也是他经商 20 多年所有的积蓄。他说 4 年前，自己从很多银行卡里取出 183 万元，想去银行把钱存到一张卡中，结果到了银行才发现没带身份证，于是就以儿子身份证开单子存下了这笔钱。后来存单一直放在家里，谁也没想到要动。但他做梦也没想到，儿子走了，自己的养老钱还要被人分走一部分。

《死亡如此多情》这本书里有北京大学肿瘤医院淋巴肿瘤内科主任医师郑文讲述的一个真实故事：30 多岁的小陈患有非霍奇金淋巴瘤，需要进行干细胞移植。却在移植前从医院病房偷偷溜走了。母亲、妻子、医生都很着急，找到他才了解到原来他想放弃治疗，不想花母亲的养老钱治病，担心万一治不好，母亲落个人财两空。

大家都能理解这个小伙子的矛盾心理，如果花光家里的钱能治好自己的病，大家都会尽力治疗的，“留得青山在，不怕没柴烧”。但如果花光家里的钱，自己的病还没能治好呢？失去儿子，又失去养老资本的母亲该如何度过晚年？

我经常跟客户讲，给父母买保险自然是有必要的，但父母的保险并不是家庭中最重要的，关键还是要给自己做好保障，更多考虑如果自己不幸发生风险，应如何照顾父母的晚年生活。比如发生大病，有医疗险和重疾险为我们解决治病、养病费用，就不需要父母为我们掏空积蓄。再比如不幸身故，留下一笔钱来赡养父母，供养孩子，父母和孩子还有基本的生活基础，不至于让年迈的父母在悲痛中还要忍受窘迫，甚至替子女承担养育第三代的经济责任。

还有不少年轻人抱怨：父母不珍惜养老钱，被保健品推销员或是各种理财顾问忽悠。其中有一位女性朋友，老妈竟被卖保健品的骗走 10 多万元，好在她听说后报警给追回来了一大部分，但这让她感觉到老人有钱也不是什么好事儿，特别是没有子女帮助保护资金和人身安全的情况下。

去年，我妈偶然见到以前的楼下邻居，我们搬家后有 4 年他们没见过面。这位 60 多岁的阿姨，竟然在这 4 年里相继失去了丈夫和儿子，变成孤寡老人。这位阿姨有严重的糖尿病，导致腿瘸了，生活支出不小，但手里有几十万元积蓄，加上每月 4 300 元的退休金，本来还算过得去。但她急于康复，竟然买了十几万元保健品。意识到被骗后，为了保护剩下的钱，她拿出 10 万元交给自己兄弟帮助保管，结果再也要不回来了。手里仅剩的十几万元，又被高息诱惑，购买了理财产品后就彻底没影了。现在靠街道提供照顾，每周街道给安排人上门打扫卫生，帮助买一些生活用品，还给 500 元困难补助。

老人的资金打理能力，随着年龄增长会慢慢下降。特别是失独老人，本就处于缺少关爱、郁郁寡欢的环境中，更容易招惹到一些不怀好意的人，资金风险大增。年金保险可以解决资金安全性和稳健增值需求，但是一般超过 60 岁的老人就不能买了。所以，从防患于未然的角度来说，应提前做好安全性资产配置，最起码保障基本生活品质的钱，应该以年金保险形式来打理。年金保险需要提前规划，因为年龄越大，投保难度越高。

如何规划自己的寿险，帮老人解决后顾之忧？第一是将父母作为受益人之一，有资格领取受益金；第二是寿险保额要考虑到老人的养老需求。

如何帮父母提前规划年金险，帮老人解决资金安全问题？第一是在父母满足投保年龄时——一般为 60 岁以下，尽早帮父母做规划；第二是选择较短交费期，早交完、早回本、早领取、早规避风险。

第五章

投保中，如何实现利益最大化

买保险时，要先去体检吗

不少客户买保险时会有这样几个关于体检的问题：“我已经好久没体检了，是不是需要先去体检？”“梳理自己的健康情况太麻烦了，能不能请保险公司安排我体检？”“我最近刚参加完单位的体检，是不是不用再参加保险公司的体检了？”“单位的统一体检就快结束了，我想抓紧买保险，买完赶紧去参加单位体检。”

《保险法》规定，投保人有“如实告知”义务，这些朋友也都希望做好健康告知。那么，买保险和体检到底有什么关系，下面来做个总结。

1. 买保险时要先体检吗

如果只是为了买保险，其实不用体检。健康告知的内容是大家投保之前已知的身体情况，没必要单纯为了买保险去把身体查个底掉。

Y 先生找我咨询保险时，我看他上一年度的体检报告是 7 个月前的，除了屈光不正、轻微脂肪肝、窦性心律不齐外，没有其他问题，就告诉他他的身体状况很好，购买重疾险、医疗险都可以以标准体承保。但他说已经约好了半个月后单位统一体检，如果错过这次，今年就得自费体检了，希望参加完体检后再投保。一个月后，Y 先生把新的体检报告发过来：报告上多了个甲状腺结节，重疾险、医疗险都除外甲状腺疾病承保。

发现结节，及时注意身体健康是好事。但对转嫁风险来说，半个月之差，从“标准体”变成了“甲状腺除外”。如果 Y 先生在咨询时立即投保，选择等待期条款较好的产品，承保后再参加体检，原本可以避免这个风险。

还有一位客户 T 女士，她说上一次体检是 2015 年，并且体检报告已经丢了，记得结果是肝功能不正常，问我这次是否需要去做一个新的体检后再投保。大部分保险公司的健康问卷里都问2～3年内体检有无异常，比如T女士购买的重疾险，针对体检异常是这样问的："近2年内是否做过X光、CT检查、磁共振检查、心电图、活体组织检查、血清、超声波、内窥镜等检查？"所以2015年度的体检异常无须告知。但健康问卷还有另一个问题："是否曾经出现下列症状、患有下列疾病或接受治疗：……肝功能异常……？"所以T女士需要告知保险公司过往肝功能异常的情况。我建议她做个肝功、肝脏B超复查。复查结果显示，肝功能已恢复正常，且肝脏B超正常，最后重疾险和医疗险都是标准体承保。

所以，不需要为了买保险去专门做体检，保险公司问到近2～3年体检是否有异常时，提交过往体检报告即可。如果上次体检时间较久了，保险公司认为有必要体检，再参加保险公司安排的体检。另外，如果上次体检报告中有异常项目且影响投保，最好先自行针对异常项复查。

2. 参加保险公司体检还要自己做告知吗

也有人说："我不记得自己都有哪些问题，能不能请保险公司安排个体检，我就不用做告知了？"事实上，即便参加了保险公司的体检，也不能免除自己做健康告知的义务。因为保险公司安排体检是有成本的，如果保额不高、体况不多，保险公司安排的体检套餐比较简单，并不一定能覆盖已有的疾病。

我有位朋友每年参加单位体检，胸部X射线报告都显示正常。但其实他肺部有结节，而且结节比较大，需要自己单独加做肺CT才能看出来。前几年，他买了50万元保额的重疾险，当时保险业务员告诉他："不用告知，只要保险公司没抽到你去参加体检，就不知道你有病，就没事儿。"

真的是这样吗？投保时如果客户不告知，保险公司当然不知道。就算参加了体检，大部分保险公司针对较低保额的客户，体检套餐中都不包括肺CT，也就无从知道他有肺结节。假设将来发生肺癌，到了理赔阶段，保险公司做理赔调查时，查到他投保之前患有肺结节，拒赔的可能性非常大。

所以，是否需要参加保险公司体检，要看大家投保金额是否超过了“免体检保额”（一般重疾险免体检保额为50万～100万元），以及保险公司核保对被保险人风险的评估。即便参加了保险公司安排的体检，对于体检项目之外存在的身体异常，如果健康问卷里问到的，也是要如实告知的。

3. 最近刚体检过，保险公司还会让体检吗

答案是不一定，还是要看投保金额是否超过了“免体检保额”，以及保险公司核保对被保险人风险的评估。

比如，客户L先生1个月前参加了单位体检，显示有尿潜血，但他没有去医院复查。他年收入30万元，想投保100万元保额的重疾险。我帮他设计了两个方案：方案一是投保100万元保额的A产品；方案二是A、B两款产品各投保50万元保额。经过沟通，L先生选择了保费预算更低的方案一。

A产品的免体检保额为66万元，投保100万元需要参加保险公司安排的体检。而且，L先生上次体检有尿潜血，没有复查，即便只投保50万元保额的产品A，也需要针对尿常规单独做复查。幸运的是，L先生参加保险公司体检后，尿常规正常，并且没有发现其他异常项目，100万元保额的产品A以标准体承保。

一般来说，客户有较新的体检报告，保额较高，建议通过多家投保组合产品的方式，合理规避保险公司体检，以免查出新的异常，影响保障利益。但如果对身体情况比较自信，也可以投保某一款产品，参加保险公司体检。

长期险的缴费年限应该如何选择

医疗险和意外险一般都是交一年保一年的产品，每年按时交费续保就可以。而重疾险、寿险、年金险为长期保险，交一段时间保费，保障几十年甚至终身，应该如何选择缴费期限呢？

1. 健康保障类：重疾险和终身寿险

一对 90 后找我设计保障方案，他们问：重疾险可以 20 年交费，也可以 30 年交费，哪个性价比更高呢？我在银行工作过 10 年，深知钱是有时间价值的，其实纯粹从经济利益角度来看，20 年交和 30 年交并没有多大区别。但从保险的功能角度，还是要考量一下的。

先说我的建议：第一，40 岁以下的朋友，建议选择 10 年以上缴费期。第二，30 岁以上的朋友，一般不建议 30 年交费，更推荐 20 年交费；买了养老年金，并且额度充裕的朋友随意。

（1）为什么不建议选择太短缴费期。

缴费期短，总保费低，但如果缴费期内发生轻症或重疾，赔付杠杆较低。如表 5-1 所示。

表 5-1　某终身重疾险选择不同缴费期保费示例

（以 30 岁女性 100 万元保额为例）

缴费期（年）	每年保费（元）	总保费（元）
5	65 260	326 300
10	36 290	362 900
15	25 970	389 550
19	21 980	417 620
20	21 670	433 400
30	17 530	525 900

比如 5 年交，假设交完保费，总保费 32.63 万元，比 20 年交的总保费少了 10.71 万元，但这是假设交完保费，一个美好的期待。但谁也不知道上帝哪天手一滑，还没等交完保费，就有个什么风险。比如复星联合保险官微公布的一个理赔案例，9 岁的孩子，投保不到一年就确诊患上恶性肿瘤：

2019年6月，李女士为自己9岁的儿子小磊（化名）购买了保额80万元的重疾险。2020年4月，李女士在给儿子小磊洗澡时，偶然发现小磊右腋窝有肿块，约鹌鹑蛋大小，赶快带孩子去医院检查。经B超检测，小磊被确诊为“腋下淋巴结病变”，当即被收入院接受治疗，进行了“右侧腋下肿瘤切除术”。手术很成功，但术后病理诊断为“低度恶性肌纤维母细胞性肉瘤Ⅲ期”，做完手术还需要接受化疗及药物治疗。2020年8月，李女士申请理赔，获得80万元重疾保险金。

小磊的重疾险选择20年交费，保费只交了1年就出险，获得80万元保额赔付。如果他选择第一年一次性交完保费呢？保额和总保费的杠杆就缩小了20倍。

例如，同方全球人寿公布的这个理赔案例：北京的Z女士，2016年购买重疾险40万元保额，每年保费13 120元。交费5年后，2020年，Z女士确诊患轻症——肺原位癌，获得轻症理赔金8万元，还豁免了后续15年的保费总计19万余元，合同继续有效。如果后续她又得了重疾，比如肺癌，还可以再赔40万元。

如果Z女士选择5年交费呢？到发生轻症时已经交完了全部保费，轻症理赔后，合同虽然继续有效，但没有享受到“保费豁免”。

对于有杠杆的健康险，建议尽量选择10年以上缴费期。

（2）为什么不建议选择太长缴费期。

缴费期长，每年的保费低，从杠杆角度来看没什么问题，但如果交完，总保费高。更关键的是，最后10年的经济负担和心理负担可能都比较大，特别是对于30岁以上的朋友来说，可能退休后还要接着交费。

例如，35岁男性，投保某款重疾险100万元保额，30年交，每年保费22 300元，20年交，每年保费27 250元。30年交比20年交每年保费少了18.17%，总保费多了18.54%。而且20年交，是从35岁交到55岁；30年交，从35岁交到65岁，多出来的10年是从55岁到65岁。如表5–2所示。

表 5-2　某终身重大疾病保险各阶段保费

（以 35 岁男性 100 万元保额为例）

缴费期（年）	每年保费（元）	总保费（元）
20	27 250	545 000
30	22 300	669 000

55～65 岁，这个年龄段的人如果不是自己做企业，或是在公司做到了高管层，多半在职场处于比较弱势的地位，收入能力跟前 20 年相比有大幅下滑，甚至可能已经主动或被动退休了。如果自己准备了充裕的养老年金还好，如果完全靠社保，能发多少不好说，更别说还要从中拿一部分交保费了。

有时候不是光算经济账，还要考虑心理账、感情账。另外，保险公司对缴费年限的规定，一般也是年龄越大的客户，可选的缴费年期越短。所以，一般建议 40 岁以下客户选择 20 年交费；40～50 岁的客户选择 10～15 年交费；50 岁以上的客户选择 5～10 年交费。

2. 年金类：年金险和增额寿险

年金类产品的缴费期，可以根据每年保费预算和需求设定。每年保费预算少，选择较长缴费期，交的总保费就多了，能解决更大的问题。如果年龄较大，比如 35 岁以上人群给自己规划养老金，或是给 15 岁以上孩子规划婚嫁金，建议选择较短缴费期，以实现领取更多养老金以及隔离婚姻财富的目的。

下面举几个例子说明。

案例一：单身，强制储蓄，可以拉长时间交费。

对做强制储蓄的年轻人来说，因为每年保费预算有限，建议选择 10 年、15 年、20 年缴费期，以增加财富总量。

25 岁的芳芳，刚刚大学毕业，还没有男朋友。刚毕业工资不高，每个月付了房租，买买衣服，再跟闺蜜逛逛街，剩下的钱着实不多，但以后花钱的地方可太多了，光顾眼前可不行。

她想做一个强制储蓄计划，管住手，存下一些钱。她想在60岁前攒下100万元，用增额终身寿险做规划，如果选择10年缴费期，每月交3 400元，到35岁时就完成了全部交费任务，总计本金为40.8万元，到35岁时保单价值48万元，40岁时保单价值57万元，45岁时保单价值67万元，57岁时保单价值约100万元。

但她算了算开销，在保持生活品质的前提下，每个月可以存下4 000元，交3 400元保费压力有点大，毕竟还需要一定的流动资金应对三五年内的支出。所以，她把4 000元分为两部分，一半放在银行里备用，另一半放到保险里做长期打算，也就是每月交2 000元保费。

每月交2 000元保费，一年共24 000元，可以拉长交费时间，交20年。10年后，芳芳35岁，可能已经结婚，有了宝宝，已经交了24万元保费，保单价值有21万元，可以作为小家庭一部分无风险、保安全的资金配置。15年后，芳芳40岁，孩子可能已经上小学、初中，已经交了36万元保费，保单价值有44万元，孩子的课外班费用可以从这里出。20年后，一共交了48万元保费，保单价值69万元，可以作为孩子的结婚费用。35年后，芳芳56岁时，保单价值增长到100万元，可以作为自己养老用。

每个月2 000元，看起来不显山不露水，甚至什么都感觉不到，但长期坚持下来，已经集腋成裘。放在银行账户里的另一半，可能早已不知去处，保单价值却越来越高，这就是长期复利效应的威力。对于年轻人来说，年度保费不占优势，但能"长期交费"是优势，所以建议选择10年以上缴费期。

案例二：40岁，做养老规划，选择10年或5年缴费期。

对于35岁以上人群，做养老规划时，则建议交费时间尽量不要太长，早点交完，资金早点生息，这样可以领取更多养老金。

40岁的尚女士，做的养老计划是每年交13万元保费，交10年，从60岁开始每月领1万元养老金，领取终身。

如果尚女士选择较长缴费年限呢？同样是130万元保费，如果她选择20

年交费，每年交6.5万元，从60岁开始，每月只能领7 000元，总利益下降了30%，不建议这么选择。

案例三：给16岁女儿做婚嫁金，选择10年或5年缴费期。

做婚嫁金，要尽量在孩子结婚之前交完保费。婚嫁金一般都是父母给未成年的孩子投保，在孩子婚前将保费交完，同时投保人变更为孩子自己，这份保单就可以作为他个人婚前财产，不会与婚后财产混同，婚姻发生变故也不会分割。

如果婚前没有交完保费，婚后孩子就要继续交费，那么万一发生婚姻风险，做财产分割时，需要举证婚后所交的保费是否来自婚内共同财产，比如孩子个人的工资收入。虽然子女可以开立一张单独交保费的银行卡来规避这个问题，但如果操作不当或考虑不周，仍然存在一些变数和风险，造成举证困难甚至失败。

例如，赵总想给16岁女儿做200万元婚嫁金，那么比较稳妥的方式应是分5年交，在孩子21岁之前把保费交完。如果时间再长点，10年交费，交完保费孩子已经26岁了。

当然，很多朋友都是在孩子几岁的时候就开始做婚嫁金计划了，那么分10年、15年交费，都是可以的。

要附加“投保人豁免险”吗

投保人豁免险，指的是投保人和被保险人不是同一个人时，当投保人发生风险，保单就可以免交续期保费，但保险合同继续有效。一般来说，医疗险、意外险是无法附加投保人豁免险的，部分重疾险、寿险、年金险可以附加投保人豁免险。

以重疾险为例，比如丈夫给妻子买100万元重疾险，丈夫做投保人，妻子做被保险人，保障的是妻子的身体，所以妻子发生大病可以赔100万元，每年由丈夫交费 3 万元。加投保人豁免险后，每年保费在 3 万元基础上增加 2 000 元。假设妻子好好的没事儿，第三年丈夫得了大病，那么丈夫给妻子买的这份重疾险就不用交保费了。

第一，投保人豁免险就是一份小重疾险，比如丈夫发生风险时，妻子的保险还差 17 年保费没交，一共是 54 万元，丈夫生病后豁免后面的保费，相当于赔付了 54 万元。第二，投保人豁免险是一个“保额递减”的小重疾险，保障 19 年时间，保额从 57 万元逐年下降到 0 元。“赔付金额”看丈夫什么时候生病，如果是在第 18 年得的大病，豁免的是后面 2 年的总保费 6 万元。第三，投保人豁免险是一个定期消费型的小重疾险，在这 19 年保障期间里，如果丈夫没有发生大病，保费也不会返还，就当是花钱买平安了。

如果有条件，建议夫妻之间互加投保人豁免，父母给孩子投保时也加上投保人豁免。来看一个同方全球人寿公布的理赔案例：2020 年 9 月，37 岁的中学老师李女士因体检发现双肺磨玻璃结节，前往医院复查，诊断为左上肺腺癌。3 年前，李女士和先生各投保某重疾险 30 万元保额，互加投保人豁免险。李女士确诊肺癌后，获得 30 万元重疾险理赔金，并且她自己的重疾险，以及她作为投保人给先生投保的重疾险，都可以豁免后续保费，这大幅减轻了他们家庭的经济压力。

购买投保人豁免险的条件包括以下 3 点。

1. 投保人身体不错

因为投保人豁免险实质上就是一份重疾险，所以会和普通重疾险一样，审核投保人的健康条件，并且可能比普通重疾险审核更严格。如果投保人身体不满足要求，是不能购买的。

2. 夫妻感情条件

夫妻互加投保人豁免的前提，应该是对感情比较有信心。夫妻感情和睦，有信心白首偕老，可以互加，否则就不建议互加。有过这样的案例：两口子不欢而散、老死不相往来了，女士的重疾险是前夫做投保人的，前夫不给交保费了，保险公司怎么打电话都不接，也找不到人。变更投保人又要求必须投保人自己出面，于是事情陷入死局。更不幸的是，这位女士此时的身体条件已经买不到重疾险了，只能眼睁睁看着自己的保险失效。

3. 能承受增加的保费

其实，附加投保人豁免险，保费增加不多，如果身体条件不错，建议加上，这样可以整体转嫁家庭风险。

受益人必须指定吗

保单中的身故受益人，就是当被保险人去世后领取保险理赔金的人。投保时，会有填写受益人的项目，包括：法定受益人、自定义受益人。有人嫌麻烦，想选择“法定受益人”；也有人说，指定受益人，不也就是指定配偶、子女、父母吗，大家都是一家人，而且关系和睦，还有必要指定吗？这里强烈建议明确指定具体受益人。

1. 填写受益人的 3 种选择

受益人一栏有 3 种选择，大家来看看哪种最有利于保护家人利益。

（1）指定具体受益人。

具体受益人可以是孩子、配偶、父母等，没有人数限制，同时选择一个人或多个人都可以，约定受益比例即可。被保险人去世后，保险受益金按照受益比例在具体受益人之间分配。

（2）指定法定受益人。

直接选择“法定受益人”，而不填写具体某人，是指定了法定继承人作为受益人，将来保险金由法定继承人平均分配。按照《保险法》司法解释（三）

第九条规定：受益人约定为“法定”或者“法定继承人”的，以《中华人民共和国继承法》规定的法定继承人为受益人。

（3）未指定受益人。

未指定受益人包括2种情况：一是空白不填，二是受益人无效。

空白不填就是投保时没有填写具体受益人，也没有选择“法定受益人”。现在保险实务中，受益人一栏空白，保险公司一般不接受。如果是纸质投保单，保险公司会退回；如果是电子投保单，系统会提示必须填写。所以，受益人一栏空白不填的可能性不大。这就在很大程度上帮助客户规避了“将保险金作为遗产处理”的法定继承风险。

还有另一种就是受益人无效。比如，受益人先于被保险人死亡，或者指定配偶作为受益人，但被保险人死亡时双方已经离婚。

根据我国《保险法》第四十二条，没有指定受益人，保险金作为被保险人的遗产分配。

《保险法》第四十二条规定：

被保险人死亡后，有下列情形之一的，保险金作为被保险人的遗产，由保险人依照《中华人民共和国继承法》的规定履行给付保险金的义务：（一）没有指定受益人，或者受益人指定不明无法确定的；（二）受益人先于被保险人死亡，没有其他受益人的；（三）受益人依法丧失受益权或者放弃受益权，没有其他受益人的。受益人与被保险人在同一事件中死亡，且不能确定死亡先后顺序的，推定受益人死亡在先。

《保险法》司法解释（三）规定：

约定的受益人包括姓名和身份关系，保险事故发生时身份关系发生变化的，认定为未指定受益人。

上述（1）和（2）都属于指定了受益人，（3）是没有指定受益人，这3种做法，(1)>(2)>(3)。在指定具体受益人还是法定受益人两种选择中，一般建议客户尽量指定明确的受益人，如果与受益人关系发生变化，还要及时变更。

2. 为什么一定要指定受益人

(1) 指定受益人，才能实现债务隔离。

常说保险有“债务隔离”功能，受益金无须偿还被保险人生前所借债务，但这需要指定了受益人，该功能才能发挥作用。否则，受益金属于被保险人的遗产，遗产首先要清偿被继承人生前的债务及税款，然后才能被继承。

中国裁判文书网有这样一个民事诉讼(〔2018〕黔23民终1001号判决书)：罗女士2015年5月因交通事故意外死亡，她生前向太平洋人寿投保了意外险，可赔偿110万元身故保险金。但罗女士去世时，尚欠刘某17.3万元。刘某将罗女士的女儿告上法庭，要求罗女士的女儿以领取的保险金偿还母亲生前的债务。

法院驳回了刘某请求，因为罗女士的意外险中选择了“法定受益人”，罗女士女儿作为唯一的法定继承人，是保单的受益人，其领取的受益金不属于遗产，不需要清偿被保险人罗女士生前债务及税务，刘某无权要求罗女士女儿以保险金偿还母亲的借款。

罗女士在保单中选择了“法定受益人”，其保险理赔金虽然和遗产的分配原则一样——都是给法定继承人，但其性质并不是遗产，不需要清偿生前债务及税务，而是属于受益人的专属财产。如果罗女士在保单中未指定任何受益人，也未选择“法定受益人”，那么保险受益金就属于遗产，需要清偿其欠刘某的债务。

另外一个民事诉讼(〔2020〕豫03民终5078号判决书)，审判结果则完全不同：

张先生于2019年8月意外死亡，他生前投保了意外伤害保险84万元保额。

张先生去世后，他的母亲领取了保险金。但张先生去世时，还欠陈某65万余元，加上利息共计100余万元。陈某将张先生母亲告上法庭，要求她以领取的80余万元保险金偿还儿子生前债务。

法院支持陈某的请求，因为张先生的意外伤害保险虽然指定了前妻作为受益人，但他死亡之前已和前妻离婚，死亡时没有配偶，受益人无效，所以按照没有指定受益人处理，保险理赔金作为遗产，应该先清偿被保险人的生前债务。如果张先生在保单上指定了有效受益人，比如指定自己的儿子或母亲作为受益人，那么这笔财产就不会作为遗产被继承，而是作为受益人领取的保险金，不需要清偿被保险人张先生的债务。

虽然现在投保时，保险公司不允许保险受益人一栏空白，但也要注意，如果被保险人死亡时，受益人与被保险人之间的法律关系已经解除（比如离婚），受益人就丧失了受益权，相当于没有指定受益人。所以，如果被保险人与受益人之间的关系发生变化，要记得及时变更受益人，或是在投保时提前指定第二顺位受益人。

（2）指定具体受益人，保护特定亲人利益。

指定具体受益人，理赔金就属于具体受益人的专属财产，与其他法定继承人无关。

曾经有一位同业给我讲了他的故事。10多年前，他在北京考研时，突然接到母亲因病离世的消息。回到老家奔丧，却发现母亲多年奋斗积累的资产已归于父亲名下。从此，他就像断了线的风筝，独自飘在北京，好像户口本上从来没有他这个人一样。

这个23岁的小伙子，身上只有3 000元——母亲生前每个月给他打一次生活费。母亲留给他的，还有一份10万元保额的寿险——那是母亲为了支持朋友而买的人情单，那位做保险的朋友，当时帮母亲填写保单时，在受益人一栏填写了孩子的名字。

如果母亲当时没有指定他作为受益人，而是选择“法定受益人”，10万元理赔金就会在母亲的法定继承人（配偶、子女、父母）中平均分配。如果连“法定受益人”都没选，受益人一行空白，那么就会作为母亲的遗产处理，由母亲的法定继承人（配偶、子女、父母）继承。总之，无论是“法定受益人”，还是按照法定继承，都不是母亲的本意，都起不到保护儿子利益的作用。

“如果不是受益人写了我的名字，我连这 10 万元都见不到。”他说，有了这 10 万元，他不害怕了，他去找了一份工作，后来成为一名保险培训师。结婚时，他用当年的 10 万元受益金买了年金保险，受益人是他妻子。

（3）指定具体受益人，理赔手续更简单。

如果指定了具体受益人，那么申请理赔时，只要出具具体受益人的身份证件，就可以拿到理赔金。如果选择“法定受益人”，保险公司需要先核实法定受益人的数量和身份，一般由被保险人生前所在单位或街道出具亲属关系证明。如果受益人一栏空白未指定，则保险金作为遗产处理，需要先做继承权公证。公证处会要求出具法定继承人证明文件，同时全体法定继承人到场签字才行，理赔过程会麻烦得多。

所以，在投保时，保险受益人一栏一定不能空白，最好指定具体的受益人，并约定好每一位受益人的受益比例；即使选择“法定受益人”，也算是指定了受益人，保险理赔金属于受益金，不是遗产。

3. 如何正确指定受益人

（1）可以指定谁为受益人。

大部分客户都会把受益人指定为配偶、子女、父母中的一人或多人。

《保险法》并没有规定不能指定谁作为受益人，只是规定雇主为员工购买人身保险时，只能指定被保险人近亲属作为受益人。所以从理论上讲，大家个人投保时，指定谁作为受益人都是可以的。

但在实务中，保险公司为了规避风险，会要求指定第一顺位法定继承人为受益人，也就是说只能是父母、子女以及配偶。

部分保险公司接受指定兄弟姐妹、侄子侄女等非直系亲属作为受益人，但手续相对复杂，需要投保人、被保险人、受益人到柜台现场办理。

除了自然人，还可以指定机构作为受益人，比如慈善机构，或者信托公司，具体实务中要看保险公司规定。目前不少保险公司的寿险、年金险保单可以对接信托公司，其实质就是允许把受益人指定为信托公司，将来理赔金交由信托公司打理和分配。

（2）指定受益人后，还可以变更吗？

指定受益人后，可以随时变更，做保全即可。特别要注意，如果指定的受益人先一步去世，或者法律关系发生变化，比如离婚，要及时更改受益人。如果没有指定其他受益人，保险受益金可能按照遗产处理。

（3）如何约定受益比例。

受益人的受益比例，按照投保人的意愿确定即可。客户通常选择下面几种情况：单身客户，指定父母作为受益人，受益比例各 50%；已婚客户，指定配偶作为受益人，受益比例 100%；有娃客户，指定孩子作为受益人，受益比例 100%；有娃客户，指定孩子和配偶两位受益人，受益比例各 50%。

此外，还可以约定受益顺序，比如某位客户指定母亲为第一顺位受益人，孩子为第二顺位受益人。当母亲在世时，由母亲领取受益金；若母亲不在世了，由孩子领取受益金。

也有客户问，如果指定了两个受益人，各获得 50% 受益比例，其中一个受益人去世了，受益金如何分配？这种情况下，由剩下的一名受益人领取 100% 的受益金。

第六章

投保之后，如何确保顺利理赔

保单忘记续费怎么办

很多朋友担心：万一投保后忘记续费怎么办，保险合同会不会失效？万一碰巧出了保险事故，保险公司会不会不赔？其实，在交保费之前，保险公司会发短信提醒，作为经纪人，我也会及时提醒客户续费。另外，大部分保单都有缴费宽限期，错过一两天不会影响合同效力，所以，一般不会因为忘记缴费而导致保单失效。

但万一真的发生了这么凑巧的事儿怎么办？这就涉及保单宽限期了。关于保单宽限期，大家先来看看下面这 5 个问题。

问题 1：小明 2020 年 1 月 1 日购买重疾险，2021 年 1 月 1 日忘记续交保费，2021 年 1 月 10 日因急性心肌梗死住院，符合重疾险中“重度急性心肌梗塞”的理赔条件，这才想起重疾险忘了续费，此时缴费续保还能理赔吗？

答：无论此时是否缴费，都可以理赔。只是不缴费的话，保险公司会从保险金中扣掉欠交的保险费。

问题 2：小明 2020 年 1 月 1 日购买医疗险，2021 年 1 月 1 日忘记续交保费，2021 年 1 月 10 日因急性心肌梗死住院，这才想起医疗险忘了续费，此时缴费续保还能理赔吗？

答：不确定，要看医疗险条款中有没有“宽限期”规定。一般长期医疗险（有保证续保条款的产品）有宽限期，可以理赔；短期医疗险（没有保证续保条款的产品）没有宽限期，不能理赔。

问题 3：小明 2020 年 1 月 1 日购买医疗险，2020 年 12 月 25 日住院，2021 年 1 月 1 日忘记续交保费，2021 年 1 月 10 日治疗结束出院，住院费用能理赔吗？

答：可以理赔。

问题 4：小明 2020 年 1 月 1 日购买意外险，2021 年 1 月 1 日忘记续交保费，2021 年 1 月 10 日发生车祸导致双腿截肢，这才想起意外险忘了续费，此时缴费续保还能理赔吗？

答：要看意外险条款中有没有“宽限期”规定，有宽限期的就能理赔。一般长期意外险有宽限期，一年期意外险没有宽限期。

问题 5：小明 2020 年 1 月 1 日购买意外险，2020 年 12 月 25 日发生车祸住院，2021 年 1 月 1 日忘记续交保费，2021 年 3 月 10 日住院治疗结束，小明鉴定为二级伤残，意外险还能理赔吗？

答：可以理赔。

看到这里，大家一定感到疑惑：都是逾期未缴费，为什么有的情况可以理赔，有的情况不能理赔呢？下面来详细讲解其中的奥妙。

1. 长期险种有 60 天续费宽限期

根据《保险法》第三十六条规定：“合同约定分期支付保险费，投保人支付首期保险费后，除合同另有约定外，投保人自保险人催告之日起超过三十日未支付当期保险费，或者超过约定的期限六十日未支付当期保险费的，合同效力中止，或者由保险人按照合同约定的条件减少保险金额。被保险人在前款规定期限内发生保险事故的，保险人应当按照合同约定给付保险金，但可以扣减欠缴的保险费。”

也就是说，合同约定分期支付保险费的，投保人缴费有 60 天宽限期。重疾险、寿险、年金险这 3 种长期险种都有缴费宽限期条款，从缴费日次日起有 60 天宽限期，即便没有交保费，发生了保险事故，保险公司仍要承担赔偿责任，只是赔偿时会扣除欠缴的保险费。

所以，问题 1 中，小明在过了缴费日后第 10 天确诊重疾，即便没有缴费，也可以获得重疾理赔金，只是会扣除他欠缴的保费。

2. 少数医疗险有续费宽限期

由于医疗险大部分是短期险种，交一年保一年，不属于《保险法》中规定的“合同约定分期支付保险费”的情况，所以宽限期不是强制性规定。下面以几款普通的百万医疗险为例进行说明。

（1）不保证续保的，一般没有宽限期。

目前市面上“保证续保”的医疗险很少,大部分都是交一年保一年的产品,其特点是一旦这款产品停售,就不能续保了。没有“保证续保”条款的医疗险,一般没有缴费宽限期。

很多百万医疗险第二年续费时，需要和上一个保险期间在时间上不间断。也就是说，到期当天或之前就要缴费，否则合同就终止了。比如，某百万医疗险的续保条款是这样的:“保险期间届满时，投保人需要重新向保险公司申请投保本产品，并经保险人同意，缴纳保险费，获得新的保险合同。重新投保的保险合同与前一保险合同的保险期间在时间上不间断的为续保。如果投保人未按照约定提出续保申请并缴纳续保保险费，或保险人审核不同意续保，则本保险合同在保险期间届满时终止。”

问题 2 中，如果小明 2020 年 1 月 1 日购买了这款医疗险，到 2021 年 1 月 1 日没有续保，2021 年 1 月 10 日住院，这才想起医疗险忘了续费，此时缴费续保是不能理赔的，因为条款中没有规定宽限期，新一年的合同和上一年的合同之间有了保障时间上的间断，就不算是续保了，而是新的投保。新投保有 30 天等待期，所以 2020 年 1 月 10 日住院的费用不能报销。

问题 3 中，小明是 2020 年 12 月 25 日住院，2021 年 1 月 1 日忘交保费，2021 年 1 月 10 日出院，住院费用是可以理赔的。因为合同条款中有这样的规定:“本保险合同到期日前发生的并延续至本保险合同到期日后 30 日内（含第 30 日）的一般住院治疗，对此期间发生的必需且合理的住院医疗费用，保险人按照本保险合同的约定，在一般医疗保险金额内给付住院医疗保险金。”

（2）有保证续保期间的，一般有宽限期。

比如某款长期医疗险，保证续保20年。也就是说，在投保后20年内，即便这款产品停售了，也不影响投保人继续缴费续保的权利。宽限期条款是这样的："您需要在每一个保险期间届满后60日内按保险期间届满时本保险的费率表结合健康优选因子缴纳保险费，才能继续享有本主险合同提供的保障。"

问题2中，小明2019年1月1日购买的是这款医疗险，到2020年1月1日没有续保，2020年1月10日住院才想起医疗险忘了续费，此时缴费续保依然能够理赔，因为他在保险期间届满后60日内交了费，不影响合同效力。

其他有保证续保条款的医疗险也都有缴费宽限期。比如另一款保证续保6年的医疗险产品，宽限期条款更为清楚："本合同一年保险期间届满时，若我们同意续保，则自本合同期满日的次日零时起60日为宽限期。宽限期内发生的保险事故，我们仍会承担保险责任，但在给付保险金时会扣除您欠缴的保险费。"

对医疗险的续费一定要特别关注，因为医疗险核保严格，万一真的错过最后缴费日期，重新投保要再次做健康告知，很可能增加除外项目，甚至可能因为发生了新的健康问题被拒保，而续保一般无须重新做健康告知。

3. 一年期意外险没有缴费宽限期

目前市面上大多数意外险为一年期产品，虽然有的产品比较稳定，可以连年自动续保，但是和一年期医疗险一样，没有缴费宽限期。

问题4中，小明2020年1月1日购买意外险，2021年1月1日忘记续交保费，意外险合同已经失效了。2021年1月10日发生车祸导致双腿截肢，此时缴费实际上是购买了一份新的意外险，要从次日才开始生效，所以是不能理赔的。

问题5中，小明2020年1月1日购买意外险，2020年12月25日发生车祸住院，2021年1月1日忘记续交保费，2021年3月10日住院治疗结束，同时小明进行了伤残鉴定,鉴定为二级伤残,这种情况下意外险是可以理赔的。因为小明的意外事故发生在上一年度意外险的有效期内，而且伤残发生在意外事故发生之日起 180 日内。

比如某款意外险的条款这样规定:“在保险期间内，被保险人遭受意外伤害事故，并自该事故发生之日起 180 日内因该事故造成《人身保险伤残评定标准及代码》所列伤残项目之一的，保险人按该标准所列给付比例乘以保险金额给付残疾保险金。如被保险人在第 180 日治疗仍未结束的，则保险人根据被保险人在第 180 日时的身体状况及保险人指定或认可的鉴定机构对被保险人的鉴定结果，依据标准的规定给付意外残疾保险金。”

长期意外险有 60 天宽限期，比如某款长期意外险可以交 20 年，保终身，宽限期是 60 天，那么问题 4 中小明的情况，虽然过期没有缴费，但也是可以理赔的。

保险公司倒闭了，还能理赔吗

大家有没有听过“买保险就得买大公司的，大公司不容易倒闭，更安全”的说法？其实，保险公司中的大公司、小公司，作为企业，规模都是很大的，而且在严格监管下，保险公司的安全系数要远高于其他行业的公司。退一万步讲，就算保险公司真的发生倒闭、破产等情况，寿险类保单的理赔也不受影响。

1. 为什么人寿保单安全性超过保险公司安全性

有些客户购买了外资保险公司的重疾险后，心里不踏实，总怕哪天外资公司突然跑路了。也有客户购买了民营保险公司的产品，生怕哪天民营企业经营不善，破产倒闭了，“那我的保单不就白买了吗”？其实，保单的安全性远高于保险公司。就算保险公司真的跑路、倒闭,我国有严格的保险监管机制,也能确保我们的保单仍能正常理赔。

按照我国《保险法》第八十九条，“经营有人寿保险业务的保险公司，除因分立、合并或者被依法撤销外，不得解散”。按照第九十二条，如保险公司依法破产或被撤销，其持有的人寿保单必须转让给其他经营有人寿保险业务的保险公司，并且保证理赔权益。如果破产或者被撤销的保险公司不能同其他保险公司达成转让协议，由银保监会指定一家经营有人寿业务的保险公司接受转让。所以，即便发生保险公司破产倒闭的情况，我们持有的寿险保单也依然可以正常理赔，只不过换了一家公司负责而已。

一个非常典型的案例就是安邦保险破产。2020 年 9 月 14 日，安邦保险集团发布公告，公司将依法向银保监会申请解散并组织清算。此前银保监会批准设立大家保险集团，依法受让安邦人寿、安邦养老公司股权，并承接其相应保单的理赔服务。我也曾给孩子买过安邦的重疾险，保单有效性没有受到任何影响。

所以，即便保险公司破产，寿险类保单在合同中规定的利益都能得到保障。寿险类保单，指的是含有身故赔付责任的长期险，包括定期寿险、杠杆终身寿险、增额终身寿险、带有身故责任的长期重疾险、年金保险。

但也要注意，即便是寿险保单，合同中没有明确的利益，例如保单分红、万能险结算利率高于保证利率的部分，如果保险公司破产，这部分利益没有办法保证。另外，短期险，比如交一年保一年的意外险、医疗险，可能因为保险公司破产而停售。

2. 为什么说保险公司较其他行业的公司安全系数高

第一，保险公司作为企业，规模都不小。《保险法》第六十八条、六十九条规定，注册一家保险公司所需的最低资本限额为 2 亿元，而且必须为实缴货币资本；保险公司的主要股东要具有持续盈利能力，信誉良好，最近 3 年内无重大违法违规记录，净资产不低于 2 亿元。绝大部分保险公司的实际注册资本都在 10 亿元以上，中型公司注册资本甚至在 50 亿元以上，大型公司超过 100 亿元。这样的规模，放到任何行业，都不算是小公司。

第二，保险行业准入门槛高，公司数量较少，监管精细化。很多行业可能有几千家、上万家企业，而保险行业公司数量只有 200 多家。根据银保监会统计，保险公司数量只有 236 家，其中寿险公司 81 家，财险公司 87 家，另外还有 12 家保险集团、8 家养老保险公司、7 家健康险公司。公司数量少，行业监管更加精细。

第三，保险行业监管严格。我国对保险行业采用的第二代偿付能力监管制度体系，对保险公司的实际资本、最低资本、偿付能力、信息披露都有严格要求。其中，偿付能力充足率是衡量一家保险公司“赔付能力”的核心指标，按照“偿二代”体系，综合偿付能力充足率不得低于 100%。偿付能力充足率 = 实际资本 / 最低资本，“最低资本”是银保监会对保险公司各方面风险综合评估后得出的一个最低数值，保险公司持有的实际资本高于最低资本要求，就能确保有足够的赔付能力。大家翻看各家保险公司的偿付能力充足率数据，大部分都在 120% 以上。

保险公司每季度在官方网站公开披露偿付能力充足率，查询方法：进入保险公司官网，在“信息中心”“信息披露”等栏目，找到“专项信息”，再找到“偿付能力报告”。

如果保险公司偿付能力下降到 100% 以下，保单理赔会受影响吗？其实也不会，因为银保监会要求保险公司根据业务规模提取责任准备金，责任准备金累积起来，一般可以应对日常赔付。另外，当保险公司偿付能力下降到 100% 以下时，银保监会会对保险公司进行特别管控，包括要求股东增加资本金，停办新业务，责令向同业转出部分业务等，把偿付能力充足率数值调整到 100% 之上。

如果银保监会认为保险公司偿付能力受到了严重侵害，可能会影响赔付能力，按照过往经验，比如 2018 年的安邦保险，2020 年的天安、华夏人寿，银保监会就会接管这家保险公司，甚至动用保险保障基金入股，对保险公司经营进行介入、调整，恢复保险公司的偿付能力，客户的保单效力不会受到影响。

2021 年最新颁布的《保险公司偿付能力管理规定》中，对保险公司实施分类监管，按照风险综合评级，把保险公司分为 A 类、B 类、C 类和 D 类，采取差别化监管措施。风险评级考核中，偿付能力充足率分数占比 50%，是关键指标。这项指标满分为 100 分，综合偿付能力充足率低于 120% 的，只能得 50 分；在（120%，200%）区间的，得 80 分；在 200% 以上的，得 100 分。该评级考核标准具有很好的引导作用，虽然综合偿付能力充足率最低限度是 100%，实际上偿付能力充足率低于 120%，这一项就只能得 50 分。大家翻看保险公司的偿付能力充足率数据会发现，大部分保险公司都维持在（120%，200%）这个区间里，能拿到 80 分。

当然，偿付能力充足率也不是越高越好，过度追求偿付能力充足率数值，可能意味着资金运用效率低。稳妥起见，大家购买保险时，选择偿付能力充足率达标的公司即可。

第四，保险保障基金确保行业整体安全性。从 2008 年开始，我国设立了中国保险保障基金公司，由财政部 100% 持股。保险公司每年按照保费规模给保险保障基金交一笔钱（保费收入的 0.05%～0.15%），一旦发生保险公司偿付危机，可以动用保险保障基金对投保人的利益进行救助。

《保险保障基金管理办法》第十六条规定，有下列情形之一的，可以动用保险保障基金：（一）保险公司被依法撤销或者依法实施破产，其清算财产不足以偿付保单利益的；（二）中国保监会经商有关部门认定，保险公司存在重大风险，可能严重危及社会公共利益和金融稳定的。

从 2008 年保险保障基金公司设立至今，新华保险、中华保险、富德生命、安邦保险这 4 家公司曾发生偿付能力问题，动用了保险保障基金。目前新华保险、中华保险、富德生命经过业务调整运营正常，安邦保险依法撤销，其保单由新成立的大家保险接手，客户利益全部得到保护。截至 2021 年年初，大家保险的股东依然为中国保险保障基金公司。

截至 2020 年 12 月 31 日，保险保障基金余额为 1 643.44 亿元，对抗系统性风险的能力是相当强的。

第五，保险公司会通过再保险形式转嫁风险。《保险法》第一百零五条规定："保险公司应当按照国务院保险监督管理机构的规定办理再保险，并审慎选择再保险接受人。"再保险，是指保险公司将其承担的保险业务，部分转移给再保险公司，由再保险公司承担一部分风险。

也就是说，保险公司可能通过再保险方式，将自己承担的部分风险转嫁给再保险公司，再保险公司多为实力强大的世界性财团。在实务操作过程中，某些保险公司对于六七十万元保额的重疾险就会做再保。大额保单或是体况复杂的健康险保单，保险公司会先向再保险公司征求核保意见，然后才决定是否承保。因此，大家购买的人寿保单并不是只有一家保险公司作为保障，还有再保险公司。

同时买几份保险，能重复赔吗

同时买了几份保险，判断能否重复赔付，需要视产品性质来判断。保险一般可以分为两大类：第一类是赔付型，比如重疾险、寿险、年金险、意外险里的身故伤残责任等，只要符合理赔条件，保险公司就会一次性给付一笔钱。如果购买多份，发生合同约定的赔付事故，各自按照合同赔付。第二类是报销补偿型，比如商业医疗险、意外险里的医疗报销责任等，需要自己垫付医疗费，再拿着发票去找保险公司报销。如果购买多份，每家公司都可以申请报销，但所有保险公司的报销总额度加起来不会超过总花费。

1. 购买了多份赔付型保险

寿险、重疾险、年金险，以及意外险中的身故、伤残保障，多份产品可以重复理赔。比如：目前，我的重疾险保额为300万元，由6款产品组成。一旦发生重疾，6款产品各自按照保额赔付，一共300万元。我的寿险保额为500万元，由2款产品组成，一旦身故，2款产品各自按保额赔付，共计500万元。我和老公的养老年金险，由3款产品组成，从60岁开始，每款产品各自按照合同约定的养老金数量发放，每月总计1.1万元。

2. 购买了多份报销补偿型保险

医疗险这类报销补偿型保险，最多只能报销被保险人为治疗承保疾病已经花费的钱，作为经济补偿，不会超过花费数额。比如，某人买了两份医疗险，因病住院，除了社保报销之外，还有30万元自费部分。他同时向两份医疗险的承保公司申请理赔。假设第一份医疗险报销了10万元，那么第二份保险只能按合同约定的比例，在剩余的20万元范围内报销。假设第一份医疗险把30万元全部报销了，那么就不能再找第二份保险报销了。

意外险中的意外医疗责任也是如此。

3. 同时购买了赔付型和报销补偿型保险

全面的人身健康保障，包括医疗险、重疾险、意外险和寿险这4类产品。如果发生的保险事故同时符合赔付型和报销补偿型保险的条款，同时申请理赔即可。

比如某寿险公司公布的这个理赔案例：王先生，因重型再生障碍性贫血做了二次移植手术，住院花费28.37万元，社保报销了7.4万元，剩余的20.97万元为自费项目。所幸他3年前买了商业医疗险，由保险公司全部报销。另外，王先生还购买了20万元保额的重疾险，对再生障碍性贫血或造血干细胞移植可以直接一次性赔付20万元保险金。

保险理赔手续如何办理

很多人没有经历过理赔，所以不知道应该怎么办理赔手续。再加上有时候新闻里有些理赔纠纷，就误以为保险理赔很难。事实上，保险公司的原则是“不惜赔、不滥赔”，只要被保险人的情况符合保单约定的条件，投保时如实告知，理赔金一般到账都很快——几百元小额的甚至可以秒赔，几十万元、几百万元大额的理赔，一般也会在材料齐全后两周左右赔付。按照《保险法》第二十三条规定，保险公司收到理赔请求后，应当及时作出核定；情形复杂的，应当在 30 日内作出核定。所以，大家按照合同约定，正常办理理赔手续即可，一般保险公司的获赔率都在 99% 以上。

一般来说，保险理赔分为 3 步。

1. 及时通知保险服务人员

及时通知保险业务员，一是为了确认风险事故是否属于保障范围。有时候，客户购买保险后，慢慢就忘记了保障责任，一旦出险，并不知道保险能否覆盖，以及能赔付多少。所以，第一时间和保险业务员联系，请业务员帮助查询是否属于保障责任，这是最省心的。如果在网络平台购买保险，没有业务人员服务，自己也要查阅保单确认。自己无法判断的，可以打保险公司客服电话咨询。

二是为了获得指导，正确准备理赔材料。专业的业务员会指导客户需要准备哪些材料、如何准备等，规避一些不必要的风险。比如，向医生描述病史时发生模糊不清的错误，导致病历诊断有误，不利于保险理赔。曾经有一位客户生病住院，家属为了让医生重视他的病情，故意夸大过往病史，本没有高血压，却告诉医生有高血压，病历上显示高血压数年。申请理赔时，保险公司以投保时未如实告知为由拒赔。再比如，中高端医疗险住院之前需要先申请保险公司授权，否则可能影响直付结算。

如果没有保险业务员服务，建议首先查阅保单上规定的理赔资料，并自行拨打保险公司客服电话，询问每项资料的具体提供形式，提前做到心中有数，以免提交资料后又需要修改。很多资料是由医院、鉴定机构等单位出具的，修改流程很麻烦。

2. 递交理赔资料

理赔都要求提供保险金理赔申请书（被保险人或受益人签字）、身份证复印件、保险合同、事故说明书（针对意外事故）等。除此之外的其他材料，不同类型的产品要求不同。保障多种责任的产品，合同条款中会明确列明不同的赔付责任需要提交哪些理赔资料。

（1）医疗险的理赔材料。

普通医疗险采用事后报销形式理赔，一般需要提供的材料包括：医院出具的医疗诊断书、医疗病历或出院小结、检查检验报告及药品明细处方、医疗费用原始凭证和医疗费用结算清单。如果已通过其他渠道或保险公司报销，需要出具报销分割单。

中高端医疗险，如果在直付医院就医，由保险公司和医院直接结算，不需要客户提供材料。

（2）意外险的理赔材料。

第一，申请意外身故理赔金，一般需提供的材料包括：医院或公安部门出具的死亡证明，户籍注销证明，受益人身份证明，与确认保险事故的性质、原因、损失程度等有关的其他证明和资料。

第二，申请意外伤残理赔金，一般需要提供的材料包括：由医疗机构或有资质的鉴定机构出具的伤残程度鉴定书，其他证明意外事故相关的材料。

第三，申请意外医疗报销，一般需要提供的材料包括：医院出具的诊断书、门诊或住院病历及医疗费用发票、费用清单，如果其他渠道已经报销一部分，需要出具报销分割单。

（3）重疾险的理赔材料。

第一，申请轻症、中症、重疾等疾病理赔金，一般需要提供的材料包括：医院出具的病历、病理检查、血液检验及其他检验报告、医学诊断证明书。涉及伤残的，提供医疗机构或有资质的鉴定机构出具的伤残程度鉴定书。

第二，申请身故理赔金，一般需要提供的材料包括：医院或公安部门出具的死亡证明，户籍注销证明，受益人身份证明。如果被保险人死亡时没有有效的受益人，理赔金作为遗产继承，还需要按照法定继承办理手续，出具可证明合法继承权的资料。

（4）寿险的理赔材料。

申请寿险中的身故理赔金，同重疾险中的身故理赔金资料相同。申请寿险中的全残理赔金，需要提供医疗机构或有资质的鉴定机构出具的伤残程度鉴定书。

（5）年金险申请年金所需资料。

申请养老金，提供申请书、被保险人身份证、保险合同即可。如果被保险人身故，受益人申请身故理赔金，则与寿险、重疾险中的身故理赔材料相同。

3. 接受保险公司理赔调查（如需）

部分大额理赔，或是投保后短期内（2 年内）出险的，保险公司会做理赔调查，主要目的是确认客户投保时有没有如实做健康告知，客户情况是否属实等。保险公司一般会派一位核赔人员与客户见面，对客户投保和出险情况进行询问、核实。保险公司做理赔调查是行业正常流程，并不是故意为难客户。只要投保时做好了如实告知，就不必担心，正常接受就好。

4. 收到保险公司理赔函件，理赔金到账

大额理赔最长期限是 30 天，一般是先发送理赔函件，然后保险公司走银行转账手续，之后理赔金才能到账。小额理赔，比如几百元、几千元的理赔，大部分理赔速度较快，客户可能同时收到理赔函件和理赔金。

保险买错了，能退保吗

有客户问："我保险买错了，能退保吗？"这要分情况处理。买错保险，一般可以分为 3 种情况。

1. 买错产品

有些人投保时冲动决策，购买了不适合的产品，这就需要酌情考虑是否退保。

（1）买的产品不是自己想要的。

如果买到的产品不是自己想要的，那么最好先判断"已买的"是不是"该有的"。比如，大家想解决看病费用，本应该购买医疗险，却错买成了意外险，只能解决意外事故造成的小额就医费用，无法解决疾病就医费用。这种情况，该退掉意外险去买医疗险吗？我不建议这么做，因为意外险能解决意外身故、伤残造成的经济损失，而医疗险解决不了。

也就是说，如果买到的产品不是自己想要的，却是自己需要的，那么这个保险最好不要退。

（2）买的产品不够好。

要看退保代价是不是能接受。

有时候退保重买，不仅不会造成经济损失，还可能降低总保费，这种情况建议直接换。比如，小美 3 年前给孩子买了 A 重疾险，每年交保费 8 000 多元，保额 40 万元。退保后购买 B 重疾险，每年保费 5 000 多元，保额 50 万元，

保障责任还更好。年交保费降低 3 000 元，总保费降低 4 万余元，可以考虑退保重买。

如果有经济损失，就要衡量一下是否愿意为了更好的产品承担损失。对于年金险和健康险，有不同的衡量标准。

年金险要计算利益。客户阿玲给孩子买了一款大学教育金，主险从第 5 年——孩子 11 岁开始返钱，到第 10 年——孩子 17 岁期满，10 年年化复合收益率只有 1.71%。她觉得期限和收益都不能满足自己的需要。我帮她做了产品替换分析后告诉她，由于现在刚缴费 2 年，现金价值很低，退保换其他产品，经济损失较大，不建议她现在退保，到第 6 年再退保换其他产品，是更好的选择。

健康险要更关注保障责任。另一位客户小鱼，2018 年买了一款重疾险，2020 年年初咨询，想换成保障责任更好的多次赔付重疾险。我给她做了产品替换分析，替换后总保费会上涨 5 万元，但她觉得用 5 万元换更好的保障值得，就退保重买了。

现金价值一般在投保的前几年都是大幅低于已交保费的，相对于已交的保费，退保拿回的现金很少，会出现损失。在我看来，这种损失属于沉没成本，而大家做任何选择最忌讳的就是考虑沉没成本，因为机会成本往往更大。就像上面提到的小美，退保 A 保险只能拿回 6 000 多元，相对于已经交的 2.4 万元保费来说损失不小，这就是沉没成本。但如果不退保，继续交下去，A 重疾险剩余总保费是 14 万元多，比保障责任更好的 B 重疾险 20 年总保费多了 4 万多元，这就是机会成本。

（3）买了“不该买”的产品。

这种情况常见于买健康险时身体有问题，没有做充分的健康告知，盲目买入后又担心将来被拒赔。比如，小丽有甲状腺结节，2016 年买健康险时，业务员没有提示做健康告知，小丽自己也没注意，现在想退保重买。

我建议小丽没必要退保。没有做健康告知的情况，如果不是严重问题，直接做补充告知即可。小丽把 2016 年之前的体检报告找到，向保险公司做了补充告知，甲状腺结节边界清晰、没有血流信号，保险公司给除外了甲状腺疾病，保障继续有效。

另一位客户华子，我建议退保重买。她患有轻微高血压，2016 年买了某重疾险，没有如实告知高血压的情况，担心将来理赔发生纠纷。她咨询了保险公司，如果做补充告知，自己的血压情况确实会被拒保，于是建议她退保，以免补充告知留下拒保记录。后来，我帮她找到一家能够承保的公司，重新购买了重疾险。

2. 买保险时找错人

客户小亿打电话问我："我妈上个月买了养老社区保险，我感觉那个业务员很不专业，而且年龄也比较大，想换到你这里来可以吗？"小亿妈妈是从保险公司代理人渠道买的，而我所在的明亚保险经纪属于经纪人渠道，不是同一个销售渠道，没办法直接替换。她又问："可以退保重新找你买吗？"她妈妈刚交完第一年保费，而且已经过了犹豫期，退保损失极大，因此我不建议退保重买。

小新去年买了某款医疗险，没有做任何健康告知，也担心将来理赔没有专业的人给做服务，找到我想退保重买。由于小新此前已在我这里购买了重疾险、意外险、寿险，我知道健康情况很好，她可以在我这里重新买一款医疗险。

3. 对保险公司不满意

客户花花来咨询，自己通过某互联网平台购买了一款重疾险，担心公司倒闭，或是理赔时遇到各种磕磕绊绊，还没人帮自己申诉解决，问我该怎么办。

第一，对保险公司倒闭的情形不必太担心，特别是对于带身故责任的重疾险，属于寿险保单范畴，寿险保单安全性超越保险公司的安全性，有多重安全保障。

第二，保险理赔纠纷是小概率事件，绝大多数理赔，只要符合条款，理赔都是很顺利的。当然，即便是知名公司，理赔也可能出现纠纷或摩擦，这时候有专业服务人员是非常重要的。

第三，希望有专业的人员做服务，需要在买保险之前就考察好服务人员。客户花花这种情况，购买的是重疾险这种长期险种，并且重疾险核保较严格，像重疾险、医疗险这类产品，一般也不建议退保，后续加保时考虑找一个专业的人员提供服务即可。

4. 退保注意事项

有人问："什么时候可以退保?"其实，退保随时都可以操作，只是有两件事需要格外关注。

（1）怎么能退更多钱。

买保险后一般有 10～15 天犹豫期，在这期间退保，只扣除合同工本费 10 元钱,其余保费全部退回,这是退钱最多、损失最小的。过了犹豫期怎么办?重疾险、寿险、年金险等长期险种，都是按照现金价值退保。医疗险、意外险，一般按照未满期净保费退保，如图 6-1 所示。

11.46	**未满期净保险费**	**其计算公式为：未满期净保险费=最后一期已付保险费×（1-35%）$\times\left(1-\frac{\text{该保险费所保障的已经过天数}}{\text{该保险费所保障的天数}}\right)$，经过天数不足一天的按一天计算。**

图 6-1　一年期医疗险、意外险产品退保计算公式

对于重疾险、寿险等长期险种，退保最好选择在保单年度末，一是现金价值更高，二是能获得更长的保障期。

举个例子：

客户小鱼 2016 年 10 月 1 日购买了重疾险，2020 年 11 月想退保。因为 2020 年 10 月 1 日刚交过保险费，下次缴费是 2021 年 10 月 1 日，所以最好

在 2021 年 9 月找一天时间去办理退保，这样比 2020 年 11 月退保多享受一年的保障期。另外，2020 年 11 月退保按照第 4 年年末的现金价值退保，2021 年 9 月退保则是按第 5 年年末的现金价值退保，能多退回 2 000 多元。

至于有业务人员建议退保前享受宽限期（超过缴费期 60 天内，不缴费仍然可以享受保险公司的保障），这时并不建议。我自己曾经吃过亏，当时是退保重疾险重买，也想享受宽限期，结果我自己不争气，忘了清空银行卡，保险公司在交费日把新一年的保费划走了。

经济成本只是一方面，时间、精力成本也很重要。当然，如果能做好时间管理，确保自己把细节都安排妥当，也可以考虑享受宽限期。

（2）怎么退保阻力更小。

一位朋友 7 年前买了某万能型重疾险，现在想退掉买终身储蓄型产品。过了 1 个多月，她很委屈地告诉我："退不掉。我每次给业务员打电话让她办理退保，她都劝我半天，我心太软了，就一直没退成。"

这通常出现在通过熟人购买保险的情况下，中国是人情社会，我也是这样"软"的人。其实，不一定非要通过业务员办理退保，自己直接去保险公司营业厅办理也是可以的。如果在犹豫期内退保就更方便了，有些服务做得好的保险公司，在微信公众号直接就可以办理犹豫期退保手续。

（3）退保重买需要考虑的问题。

购买保险时一定要了解清楚，退保重买同样要谨慎。以下两个问题，是退保重买前必须考虑的。

第一，身体健康情况。一定要咨询好，确保自己目前的身体健康情况相比之前没什么实质性变化。比如，客户小米 2018 年购买了重疾险，2019 年查出某免疫系统疾病，无法再买重疾险，我就建议他务必按时交保费，保证保单持续有效。但另一位客户小鱼的丈夫，2016 年买重疾险时身体健康，没有任何问题，后来查出颈部动脉有斑块，只有少数几家公司的重疾险能够承保，此时退保旧产品就一定要谨慎。

第二，不要留下保障真空期。小丽2018年投保了重疾险A，2020年打算换成重疾险B。重疾险A是2020年8月1日交保费，宽限期60天，到9月30日止。

小丽应该确保在7月3日之前成功投保重疾险B，这样等待期计算到9月30日。旧产品失去保障当日，新产品的保障可以全面生效。但最好是在5月1日之前就完成重疾险B的投保手续，这样8月1日之前就过了等待期，不需要依靠宽限期。

买了长期险，交不上保费怎么办

这个问题常见于90后客户，特别是现在还没结婚、没孩子的朋友，他们知道将来养孩子要花不少钱，所以会问我："要是将来有了孩子，经济开销大幅增加，交不上保费怎么办？"其实以我的经验，养了娃以后，确实开销会大幅增加，但大家也会想办法多赚钱。说是孩子出生倒逼父母跳槽、晋升也不为过。

但"交不上保费"这种风险的确存在，应该怎么处理和避免呢？暂时性的资金困难，可以靠保单的资金周转功能缓解。长期的、大的难关，可以停止缴费，降低保额或取回账户价值。为了避免长期的、大的难关，大家要做好家庭财富和人身风险的防范。

1. 交不上保费，有哪些办法

小明2015年1月1日购买并生效了50万元保额重疾险（每年保费1.2万元），和一份10年交、每年交5万元的养老年金保险。如果2020年1月1日交不上保费了，保单会立马失效吗？并不会立马失效，而是有2个月宽限期。

在这种情况下，不超过2个月的暂时性资金周转困难，利用保单中的宽限期功能就可以渡过。超过 2 个月的，可以用“保费垫交”功能。如果预测长期内资金状况无法缓解，可以不再缴费，降低保额，也可以终止合同，取回“账户余额”——现金价值。

（1）暂时性困难，靠保单功能。

长期险保单都有 60 天宽限期。

小明如果遇到短暂的资金周转问题，比如工资、年终奖没有按时发放，或是买房导致资金短缺，或是银行理财还没到期，不用担心，保单从 1 月 2 日到 3 月 9 日，有 60 天缴费宽限期，这 60 天里即便没缴费，保险合同也仍然有效。如果出了保险事故，保险公司仍会承担保险责任。

这是《保险法》中的规定，所有长期险合同中都有这一条款，如图 6–2 所示。

宽限期　除另有约定外，分期支付保险费的，您支付首期保险费后，如果您到期未支付保险费，自保险费约定支付日次日零时起60日为宽限期。宽限期内发生的保险事故，我们仍会承担保险责任，但在给付保险金时会扣减您欠交的保险费。
除另有约定外，如果您宽限期结束之时仍未支付保险费，则本合同自宽限期满的次日零时起效力中止。

图 6–2　某重疾险条款中的“宽限期”

有位客户 2020 年购买了 10 年缴费的养老年金保险，2021 年交保费那天正好住院生孩子，手里的现金得用来防备生产过程中的万一，银行理财又没到期。直到出院后她才交保费，对保单没有任何影响，只是我和助理们会帮她特别关注宽限期剩余时间。

如果 60 天宽限期不够用怎么办呢？比如，小明到宽限期结束时——3 月 9 日还是没筹到钱缴费，这种情况下该怎么办？合同仍然可以保持有效，方法是使用“保费垫交”功能。长期险都有现金价值，现金价值超过保费后，就可以向保险公司申请用现金价值垫交保费，维持合同效力，等自己有钱交保费了，把钱还上（有利息）就行。保单贷款的利率一般参照人民银行一年期利率适度上浮，大致在 4%～6% 之间。

以某年金险为例，每年交 5 万元，交 10 年，到第 5 年现金价值约为 19.7 万元。使用“保费垫交”功能，可以垫交 3 年保费，如表 6-1 所示。

表 6-1　某年金险现金价值

保单年度	当期保险费（元）	现金价值（元）
1	50 000	25 863
2	50 000	56 323
3	50 000	89 705
4	50 000	138 326
5	50 000	197 294
6	50 000	267 351
7	50 000	349 271
8	50 000	443 847
9	50 000	519 569
10	50 000	600 368
11		621 280
12		642 937
13		665 371
14		688 615
15		712 702
16		737 632
17		763 434
18		790 138
19		817 776

再以某重疾险为例，50 万元保额，每年缴费 1.2 万元，到第 5 年现金价值约为 1.6 万元，使用“保费垫交”功能，够交 1 年保费，如图 6-3 所示。

投保时可以选择“保费自动垫交”，如果超过宽限期还没交保费，保险公司可以自动帮客户操作“保费垫交”，减少保单失效风险，等资金充裕时尽快还上就行。

保险合同年度末	现金价值
1	1,050
2	3,850
3	6,850
4	11,250
5	16,250
6	22,350
7	28,800
8	35,650
9	42,900
10	50,550
11	58,650
12	67,200
13	76,150
14	85,600
15	95,500
16	105,900
17	116,850
18	128,350
19	140,500
20	153,300
21	158,350
22	163,550
23	168,850
24	174,350
25	180,000
26	185,750
27	191,700
28	197,850
29	204,150
30	210,700
31	217,450
32	224,450
33	231,700
34	239,200
35	246,950
36	254,900
37	263,050
38	271,350
39	279,750
40	288,000

图 6–3　某重疾险现金价值

除此之外，还有其他选择吗？有，还可以选择暂时中止保单。过了宽限期后，合同就进入了中止期，中止期有 2 年时间。在中止期，保险公司不承担保险责任，但是大家可以随时申请恢复合同效力。如何恢复处在中止期的合同呢？提交申请书，补足过去欠缴的保险费（含利息），还要根据保险公司的要求重新做健康告知，保险公司重新核保后，就可以恢复保险合同。如图 6–4 所示。

合同效力中止与恢复	**在本合同效力中止期间，我们不承担保险责任。** **自本合同效力中止之日起 2 年内，您可以申请恢复合同效力。** **经您与我们协商并达成协议，自您补交保险费及利息、保单贷款及利息及其他未还款项之日起，合同效力恢复。** **自本合同效力中止之日起满 2 年您与我们未达成协议的，我们有权解除合同。我们解除本合同的，向您退还合同效力中止时本合同的现金价值。**

图 6-4　某重疾险条款中的“合同效力中止与恢复”

（2）遇到较长期资金困难怎么办。

如果小明预计自己的资金状况短期内不可能好转，有两个选择。

一是保留合同，降低保额。这种方法专业上称作“减额交清”，就是以合同的现金价值作为保费，算出来这么多保费一次性交清能购买多少保额，把保额降下来。

二是终止合同，取回“账户余额”。保单中的“账户余额”就是现金价值。终止合同，可以把保单的现金价值取回。但在保单生效的前几年，退保一般会有损失。比如案例中的小明，重疾险已交保费 6 万元，可退回现金价值 1.6 万元，有 4.4 万元的损失；年金险已交保费 25 万元，退回现金价值 19.7 万元，有 5.3 万元损失。当然，也正是因为前期退保会有损失，所以保险相对其他工具，有更强的“强制”储蓄功能。大家既要看到小明的损失，又要看到这份保单帮小明强制储蓄下来的这笔钱。很多剁手党、月光族，如果不是靠保单强制储蓄，可能手里连这些钱都攒不下来。

对于重疾险来说，不仅要看到保单留下的现金价值，还要看到小明过去这 5 年享受的重疾保障。虽然小明没有得大病，没用到这份保险，但他这 5 年里都有重疾险托底，不会发生一夜返贫的窘境。

2. 如何避免交不起保费

哪些情况会导致大家交不起保费呢？有人说失业，有人说大病，也有人说一夜变穷。失业是短期困难，大病和财富蒸发是长期问题，该如何分别避免呢？

（1）**坚持储蓄。**

有人担心暂时失业影响交保费，其实只要身体健康，工作能力还在，大家总能找到工作和出路，还可能实现收入增长，算不上大问题。

但这样的家庭，要更注重储蓄，几个月不工作连保费都交不上，说明平时基本月光。手里有钱，心里不慌，储蓄是生活最大的底气。建议储蓄不理想的朋友，多看看博多·舍费尔的《财务自由之路》这本书，第八章“储蓄——支付自己”讲了这样的理念：“储蓄意味着支付自己。你应该付钱给自己，而且应该首先付钱给自己。”博多·舍费尔建议，将每月收入的10%存入一个独立账户，余下的90%用于其他开支。大家会惊讶地发现，使用收入的90%生活，与使用全部收入相比，其实没有多大区别。

另外，对于存不下钱的家庭，保险尤为重要，否则一旦发生大病、伤残，可能连治病的钱都没有，此时面对的不仅是资金困难，还可能是生死抉择。

（2）**全面保障。**

长期困难是大家更担心的，比如家庭经济支柱丧失工作能力，导致家庭收入来源被切断；或者家庭成员发生大病、伤残，导致储蓄耗尽。防范这类问题，要靠规划全面的家庭保障来避免。

“全面”有3层意思：家庭成员全面、险种保障全面、保单功能全面。

什么是家庭成员全面呢？比如有的家庭只给孩子买保险，不给大人买。一旦大人发生大病风险，不能挣钱了不说，还会花掉很多钱，交孩子的保费可能就会有困难。万一大人遇到极端风险，家庭收入彻底中断，更会影响孩子的保险续费。

险种保障全面是指，每个家庭成员都应该分析风险缺口，规划好大病、伤残、身故等全面保障。比如有人只买医疗险，不买重疾险。发生大病时，在医院的花费，医疗险可以报销；但看病、养病期间，有好几年不能上班，收入来源中断，续交保费可能出现困难。

最后一个是保单功能全面。现在，市面上绝大多数重疾险都有“保费豁免”

功能，发生重疾、轻症，赔付之后，还可以豁免后续的保险费，保险合同继续有效。

比如来自同方全球人寿的理赔案例：北京的Z女士，2016年44岁时，买了40万元保额重疾险，每年保费13 120元。缴费5年后，2020年9月，49岁的她因为体检发现肺结节，到医院复查发现是肺部原位癌，符合轻症中的“极早期恶性肿瘤或恶性病变”理赔标准，重疾险赔付了8万元轻症保险金，同时豁免后续保费19万余元，仍享有2次轻症和3次重疾保障。

原位癌手术后一般术后恢复较好，不会对身体造成较大伤害，也不影响工作能力，所以不会对Z女士的后续缴费能力带来影响。即使她资金上遇到困难，也无须担心重疾险的保费，因为她的重疾险有保费豁免功能，轻症赔付后，保费不必再交，合同继续有效。

再如工银安盛人寿理赔案例：江女士于2018年5月为自己投保80万元保额重疾险，2020年5月确诊恶性肿瘤，随即进行化疗治疗。江女士2020年7月申请重疾险中的“恶性肿瘤”保险金理赔，获得80万元赔付，并且豁免后续保费37万元，仍继续享有第二次、第三次重疾保障。

恶性肿瘤对身体伤害大，江女士后期需要持续化疗，肯定影响工作能力，她获得80万元理赔金，可以很好地弥补收入损失，负担生活开销。而且重疾险不必再交保费，但仍将保障终身。

绝大部分重疾险都自带保费豁免功能，极少数产品需要单独交钱附加，此时千万不要省下这几十元、几百元，关键时刻有大作用。

（3）科学投资。

有人说，担心一夜变穷。其实，太平盛世，除了大病、伤残，能让家庭“一夜回到解放前”外，也只有投资失败这一种可能了。如果仅仅一项投资失败，就让家庭一夜返贫，那说明投资方向太集中了。所以，大家需要科学规划资金投向，不要把鸡蛋放在一个篮子里。

“永远不要将你所有的金钱都投进一个投资项目中，即使你全部的资金加起来只有 1 000 元。”这是博多 · 舍费尔在《财富自由之路》中给大家的忠告。他说，为了保障财务安全，高中低风险投资应分别配置，低风险投资占比 40%，中风险投资占比 40%，高风险投资占比 20%。

美国著名的“标准普尔象限图”建议的投资比例略有不同，但大体相似：高流动性资金占比 10%，保本投资占比 40%，保障型投资占比 20%，高风险投资占比 30%。

分散投资，即便某一个项目投资失败，也不会影响整体资金的安全性。高风险、中风险、低风险投资搭配，即便高风险投资失败，保本型的低风险投资也能保证家庭财富基石，不至于伤筋动骨，更不至于保费都交不上。

保险是家庭财富规划中的重要组成部分，健康保险不会让大家大富大贵，但能保证大家不会一夜返贫。年金保险不会让大家一年财富增值 10 倍，但能保证潮水一旦退去，大家的身上还有泳衣。

“今天作明天的准备；生时作死时的准备；父母作儿女的准备；儿女幼小时作儿女长大时的准备”，这是胡适先生对保险的评价。“有能力时，作没能力时的准备”，这是我和大家的共勉。有钱时，大家做好储蓄和保障，注意分散投资。发生风险时，就有应对的资本。有能力时不挥霍，没能力时不窘迫。

第七章

家庭保障规划案例

年收入 30 万元的单身人士

小丽 26 岁，某财经大学研究生毕业，居住在上海，从事咨询工作，年收入 30 万元，年支出 8 万～12 万元。单位给上社保，但没有团体保险，自己也没有买过保险。

小丽单身，父母居住在老家，爸爸 53 岁，妈妈 51 岁，均已退休，有稳定的退休金。小丽的爸爸有高血压，长期服用降压药，控制得还不错。她说爸妈辛苦了一辈子，养大自己不容易。现在自己工作了，经济上能独立，就买好保险，万一有什么风险，不至于让爸妈用养老钱救自己。

小丽觉得，以后结婚养小孩，经济压力会越来越大，趁着现在单身，多存下一些钱，手里钱越多，心里底气越足。小丽平时工作比较忙，经常出差，也常常加班，所以在资金打理方面没有太多精力，都放在银行这种日积月累型的理财产品中，流动性较强，远远超出了她的日常需求，而且容易被挪用。她希望有一种更省心且便于长期规划的理财工具。

同时，她还希望在预算允许的情况下，帮爸妈也配置一些保障，减轻自己的经济压力。

1. 保障规划思路

小丽还没有成家，没有抚养孩子的责任，主要需求是做好自己的保障，当发生风险时能够自救，不需要父母帮助筹钱，所以把人身保险配置齐全，同时做好储蓄规划。

（1）配置险种。

①小丽：配置医疗险、重疾险、意外险、定期寿险、增额终身寿险。

医疗险用于报销大额住院费用，突破社保报销范围。重疾险用于发生大病时一次性赔付一笔钱，解决大病情况下不能工作带来的收入损失，支付日常生活及养病费用。意外险用于发生意外伤残时一次性赔付一笔钱，解决伤残情况下不能工作带来的收入损失，支付日常生活及养伤费用。发生意外小事故，意外险还可以报销门诊和住院等就医费用，弥补社保报销范围限制，以及商业医疗险无法报销门诊费用的限制。定期寿险用于身故时一次性赔付一笔钱，给父母作为养老金使用。

另配置增额终身寿险，将长期储蓄中的一部分钱放到保险中，作为长期规划，用来解决将来养娃或是自己养老等问题。

②父母：为控制保费预算，给父母配置医疗险和意外险，暂不考虑重疾险、年金险。

医疗险用于报销大额住院费用，突破社保报销范围。小丽的妈妈身体较好，符合购买医疗险条件。爸爸有高血压，无法购买普通医疗险，可以购买防癌医疗险。

意外险用于发生意外伤残一次性赔付一笔钱，解决小丽照顾父母可能带来的收入损失，或是支付护理人员工资、日常生活费用等。发生意外小事故，报销门诊和住院等就医费用，弥补社保报销范围限制，以及商业医疗险无法报销门诊费用的限制。

（2）保障额度。

①小丽的保障额度。

A. 医疗险：可报销额度 200 万元 / 年。

按照目前的医疗费用水平，在公立医院住院治病，每年 200 万元的报销额度，对于绝大部分大病来说都足够用了。报销范围包含全部住院费用，社保报销之后，扣除 1 万元免赔额，剩余部分 100% 实报实销。虽然有 1 万元免赔额，但 1 万元在自己支付能力范围内。

B. 重疾险：100 万元保额。

对于工薪阶层，重疾险一般建议配置相当于3～5倍年收入的保额。如果保费预算实在紧张，至少配置相当于3～5倍年生活支出的保额。小丽每年消费10万元左右，年收入30万元，如果按照收入配置，考虑100万～150万元保额；按照支出配置，考虑30万～50万元保额。

小丽认为，自己目前单身，而且生活节约，支出较少，如果真的发生大病风险，以上海的消费水平以及很多大病的养病成本来看，每年10多万元的支出肯定是不够的。自己手里没有多少积蓄，又不希望父母再为自己奔波，所以希望把保额尽量配置充足，选择100万元保额。假如发生重疾，保险公司会一次性赔付100万元，差不多够用5年左右。

C. 意外险：200万元保额。

发生意外伤残，意外险会根据伤残等级，按照一定比例赔付。比如“一肢缺失”，是五级伤残，赔付60%。为了获得较充足的赔付金额，意外险保障一般按照年收入或是年支出的8～10倍配置，或是按照重疾险保额的2倍配置。所以，小丽选择配置200万元保额的意外险。

D. 定期寿险：100万元保额。

定期寿险的保额第一是要覆盖贷款，第二是考虑家人5～10年的生活支出，第三是考虑孩子的教育、结婚费用，以及赡养老人的费用等。小丽目前没有房贷、车贷，也没有孩子，主要家庭责任是父母养老。

小丽配置100万元保额定期寿险，如果发生风险，父母可以拿到100万元理赔金作为养老基金，如果不幸失去孩子，晚年生活能有基本的经济保障。

E. 增额终身寿险：总保费60万元。

由于目前小丽积蓄不多，近10年面临买房、结婚、生子等大项支出，她计划将每年结余的15%作为10年以上长期配置。增额终身寿险每年交3万元保费，交20年，可以积攒下60万元本金。通过现金价值增长，20年后，46岁时保单价值80余万元，可以解决孩子的教育费用、结婚费用；或者到

55 岁时保单价值 110 余万元，解决自己的养老问题。

②父母的保障额度。

A. 医疗险：每年报销住院费用 200 万元，社保内外均可 100% 报销。

B. 意外险：父母 50 多岁，较年轻，可以购买较高保额——100 万元。

2. 具体方案

（1）小丽。

小丽保障方案，如表 7–1 所示。

医疗险：普通住院医疗险。主要解决“看病贵”问题，尤其是社保报销不了的费用，暂不考虑医疗品质问题，所以选择只保障住院的普通医疗险即可。

重疾险：终身储蓄型、多次赔付产品。100 万元保额全部选择保终身、储蓄型重疾险。储蓄型重疾险包含身故赔付，一生未患重疾，可以将 100 万元保额赔付给受益人，利益是确定的。选择不分组多次赔付产品。和分组多次赔付的重疾险相比，不分组多次赔付重疾险对第二次重疾的赔付概率更大，更符合现代医学技术进步趋势。如果得了重疾，赔付 100 万元，疾病治好后，还能继续拥有 100 万元重疾险保障。

意外险：一年期综合意外险。200 万元保额全部选择一年期产品，意外身故、伤残保额 200 万元，同时包括意外医疗责任，能报销社保之外的意外就医费用。

定期寿险：保障 30 年。小丽父母现在 50 多岁，保障 30 年，到期时父母 80 多岁，这期间如果父母不幸白发人送黑发人，都可以获得 100 万元养老基金，保障生活基础。小丽选择的是一款性价比较高、免责条款较少的产品。

（2）父母。

父母保障方案，分别如表 7–2、表 7–3 所示。

医疗险：选择 50 岁以上可以投保，可通过智能核保，并且公司服务不错的医疗险或防癌医疗险产品。

表 7-1　小丽（26 岁）保障方案

序号	投保险种	保障内容	保额	保障期间	缴费期间	缴费金额
1	医疗险	① 二级及以上公立医院一般住院医疗费用报销 200 万元 ② 特定疾病（恶性肿瘤等）医疗费用报销 400 万元 ③ 87 种特定药品医院内外用药报销 100% ④ 免赔额 1 万元，100% 报销 ⑤ 20 年保证续保内限额 800 万元	200 万元	1 年	1 年	505 元
2	重疾险	两个产品搭配，总计保障如下： ① 重疾不分组赔 2 次，每次赔 100 万元 ② 中症赔 2 次，每次赔 60 万元 ③ 轻症赔 3 次，每次赔 30 万元 ④ 未理赔重疾，身故赔 100 万元 ⑤ 首次确诊重疾、中症、轻症续期保费豁免	100 万元	终身	20 年	25 550 元
3	定期寿险	身故、全残赔 100 万元	100 万元	30 年	30 年	412 元
4	意外险	两个产品搭配，总计保障如下： ① 意外身故赔 200 万元 ② 意外残疾按比例赔付 ③ 意外医疗报销额度 15 万元，不限社保用药，100% 报销	200 万元	1 年	1 年	1 758 元
5	储蓄险增额寿险	① 保单现金价值稳健增长，第 20 年为 80 余万元，55 岁时为 110 余万元 ② 40 岁前身故，赔付已交保费的 1.6 倍 ③ 40～60 岁之间身故，赔付“已交保费的 1.4 倍，现金价值”中较大者 ④ 60 岁后身故，赔付现金价值	—	终身	20 年	30 000 元
人身险合计						**28 217 元**
人身险 + 储蓄险总合计						**58 217 元**

意外险：小丽父母都不满60岁，较为年轻，现在可以和年轻人买同样的意外险产品，获得更高保额，等过了65岁再买老人专属意外险。老年人发生磕磕碰碰等意外的概率较高，要以包含意外医疗责任的一年期综合意外险为主。同时，由于父母年纪较轻，可以购买一款长期意外险，为老年阶段提供较高保额。所以，50万元保额为一年期意外险，50万元保额为保终身长期意外险。

表7-2 父亲（53岁）保障方案

序号	投保险种	保障内容	保额	保障期间	缴费期间	缴费金额
1	防癌医疗险	① 二级及以上公立医院一般住院医疗费用报销200万元 ② 特定疾病（恶性肿瘤等）医疗费用报销400万元 ③ 87种特定药品医院内外用药报销100% ④ 免赔额1万元，100%报销 ⑤ 20年保障续保内报销限额800万元	200万元	1年	1年	856元
2	意外险	一年期综合意外险： ① 意外身故赔50万元 ② 意外残疾按伤残等级对应比例赔付 ③ 意外医疗年限报销3万元，不限社保用药，100%报销	50万元	1年	1年	750元
		长期意外险： ① 意外身故赔50万元 ② 意外伤残按伤残等级对应比例赔付 ③ 意外伤残豁免续期保费	50万元	终身	10年	1 415元
人身险合计					3 021元	

表 7-3　母亲（51 岁）保障方案

序号	投保险种	保障内容	保额	保障期间	缴费期间	缴费金额
1	医疗险	① 一般住院医疗费用报销 200 万元 ② 特定疾病医疗费用报销 400 万元 ③ 免赔额 1 万元，100% 报销 ④ 20 年保障续保期内报销限额 800 万元	200 万元	1 年	1 年	1 700 元
2	意外险	一年期综合意外险： ① 意外身故赔 50 万元 ② 意外伤残按伤残等级对应比例赔付 ③ 意外医疗年限报销 3 万元，不限社保用药，100% 报销	50 万元	1 年	1 年	750 元
		长期意外险： ① 意外身故赔 50 万元 ② 意外伤残按伤残等级对应比例赔付 ③ 意外伤残豁免续期保费	50 万元	终身	10 年	1 665 元
人身险合计						4 115 元
全家总保费合计（人身险）					35 353 元	
全家总保费合计（人身险 + 储蓄险、增额寿险）					65 353 元	

小丽和父母 3 人的人身险每年总保费 35 353 元，占小丽年收入的 12%，可将大病、伤残、身故三大人身意外风险转嫁给保险公司。如果小丽在交费期发生轻症或重疾，获赔之后，重疾险的后续保费——每年 2.5 万元将豁免；小丽的储蓄险——增额终身寿险每年保费 3 万元，占小丽每年结余资金的 15% 左右。

小丽告诉我，她身边的一些同事，只买了 50 万元保额的重疾险，同事劝她没必要一下子就买 100 万元保额，等以后再慢慢增加也可以。但小丽自己算了一笔账，如果现在先买 50 万元保额，一是万一发生风险真的不够用，二是以后增加保额，总保费会大幅增长，不划算。比如 5 年后，也就是小丽 31

岁时购买 50 万元保额，每年保费就会比现在增加约 2 500 元，20 年下来多了 5 万元，享受的保障期限还少了 5 年。如果 10 年后，也就是 36 岁时再买 50 万元保额，每年保费将增加约 5 000 元，总保费增加了 10 万元，享受的保障期限还少了 10 年。

年收入 60 万元的四口之家

阿玲夫妻都是土生土长的北京人。阿玲 34 岁，在事业单位工作；先生 35 岁，在国企工作。他们有两个宝宝，6 岁的女儿和 2 岁的儿子凑成一个“好”字。两人年收入都是 30 万元左右，有两套房子，没有贷款。双方父母也都有自己的住房和退休金，轮流帮他们看孩子，还常常贴补孙辈生活费用，阿玲家每年生活支出 20 万元左右。

夫妻 2 人和 4 位老人都有社保，孩子们也都有“一老一小”医疗保险。

阿玲说：“体制内工资不算高，但好在稳定，感受不到什么中年危机，很多同事都是干到退休。最近几年额外的小福利少了，但有食堂、有免费体检、能报销暖气费，也挺知足的。”

2018 年阿玲确诊甲状腺癌。甲状腺癌有很多种，其中，甲状腺乳头状癌手术后生存率很高，唯一的影响是长期吃优甲乐；但也有 5%～10% 是未分化癌或发生远处转移的甲状腺癌，恶性程度高，治疗难度大。如果自己是那不幸的 5%，怎么办？

专家触诊、专家 B 超、穿刺活检，检查做得越多，阿玲越害怕。直到最后，穿刺结果显示“倾向甲状腺乳头状癌”，她才松了一口气。阿玲说，手术后在家养病的那段时间总是后怕：“如果不是乳头状癌，现在是不是每天都在做放化疗？得花家里多少钱？”

她想到了两个解决方案：一是在单位的体检套餐基础上自己做个升级；二是买齐保险。

1. 保障规划思路

阿玲希望配齐保险，把重大的健康风险全部转嫁出去。

（1）配置险种。

先生配置医疗险、重疾险、意外险、定期寿险。阿玲因处在甲状腺癌术后，只能配置重疾险和意外险，无法配置医疗险和定期寿险，另配置养老年金保险。

医疗险用于报销大额住院费用，突破社保报销范围。重疾险用于发生大病时，一次性赔付一笔钱，解决大病情况下不能工作带来的收入损失，支付日常生活及养病费用。意外险用于发生意外伤残时一次性赔付一笔钱，解决伤残情况下不能工作带来的收入损失，支付日常生活及养伤费用。发生意外小事故，意外险还可以报销门诊和住院等就医费用，弥补社保报销范围限制，以及商业医疗险无法报销门诊费用的限制。定期寿险用于身故时一次性赔付一笔钱给配偶、孩子、父母，万一自己不幸早逝，可以保障家人生活。养老年金保险用于保障老年阶段的生活品质。

两个宝宝配置医疗险、重疾险、意外险、教育年金保险。宝宝不承担家庭责任，无须配置寿险。医疗险作用与大人相同，重疾险用于宝宝发生大病时，一次性赔付一笔钱，解决父母照顾孩子期间不能工作带来的收入损失，支付日常生活及养病费用。意外险用于发生意外伤残时一次性赔付一笔钱，弥补部分经济损失。发生意外小事故，意外险还可以报销门诊和住院等就医费用，弥补社保报销范围限制，以及商业医疗险无法报销门诊费用的限制。教育金保险用于保证孩子们的受教育权以及规划婚前财产。

（2）保障额度。

① 重疾险：一家四口每人 100 万元保额。

阿玲和先生都承担着家庭经济责任，任何一人发生大病，不能工作，收入中断，都会影响家庭正常的生活品质。一般大病需要休养 3～5 年时间，所以阿玲决定给她和先生各配置100万元保额的重疾险，相当于每人3年的收入，够支撑家庭4年左右的开销。如果有大病，能得到充分的休养、治疗时间。

宝宝们的重疾险是为了解决父母照顾宝宝期间损失的收入，因此孩子们的重疾险保额参照父母的保额，也是各为100万元。

② 医疗险：先生和两个宝宝都配置中端医疗险，保额每年度200万元，只保障住院，发生大病可以在特需部或国际部住院治疗。

③ 定期寿险：先生配置300万元保额。孩子的教育金单独配置，老人都有退休金，暂不考虑赡养费用，家庭没有房贷，所以先生的寿险保额设定为覆盖家庭10年左右的生活开销。

综合考量成本和保额需求后，阿玲为先生选择了保到60岁的定期寿险。期满时，大宝31岁，二宝27岁，孩子们在经济上都可以独立，爸爸身上的担子轻了很多，只要有足够的医疗储备金和养老金，即便发生风险，也不会影响孩子们的生活品质。

④ 意外险：阿玲和先生各配置300万元，两个宝宝各配置20万元。阿玲和先生的意外险保额都参考寿险保额，如果不幸发生意外伤残，按照伤残程度理赔30万～300万元，用于养伤和支付家庭生活开支。

两个宝宝各配置20万元保额的意外险，因为20万元保额是银保监会对未成年人投保含“身故”责任保险的最高限额，对于意外伤残、烧烫伤等，可以按伤残等级赔付2万～20万元。另外，对于意外的磕磕碰碰、猫抓狗咬等小风险，可以报销门诊和住院的医疗费用。

⑤ 养老年金险：以60岁后阿玲每月领取5 000元养老金为目标制定规划。

⑥ 教育及婚嫁金保险：每位宝宝每年存3万元，存20年，解决大学教育费用及婚前财富规划。

2. 具体方案

爸爸、妈妈、女儿和儿子的保障方案，分别如表7–4、表7–5、表7–6和表7–7所示。

（1）重疾险。

阿玲和先生都选择终身储蓄型重疾险，一是因为核保相对宽松，二是肯定能获得赔付。如果一生没有大病，就当作给孩子传承的财富。选择不分组多次赔付产品。和分组多次赔付的重疾险相比，不分组多次赔付产品对第二次重疾的赔付概率更大。

两个宝宝都选择终身重疾险，均为不分组多次赔付产品，而且都包括少儿特定疾病，可以额外赔付 100% 保额。其中，储蓄型重疾险 50 万元保额，消费型重疾险 50 万元保额。选择这样的方案主要是为了降低保费，兼顾保额和保障品质。

（2）医疗险。

老公和两个宝宝都配置中端医疗险，每人每年保 200 万元，有 5 000 元免赔额，5 000 元以上的住院费用都可以报销。可以报销特需部、国际部的住院费用，特需部和国际部的床位相对宽松，且都是单间病房，环境比较好。

（3）寿险。

为先生选择一款性价比较高、免责条款较少的产品。

（4）意外险。

选择一年期综合意外险，意外医疗责任能报销社保外用药。

（5）养老年金险。

不考虑分红型产品，选择纯养老金产品，领取金额确定，活多久领多久。

（6）教育及婚嫁金保险。

以增额终身寿险做教育金和婚嫁金规划，领取灵活，收益确定，给孩子们一笔安全的婚前财富。如果不从中领取，还可以在婚后继续保值增值。以先生作为投保人，附加投保人豁免险，如果先生确诊重疾，可以豁免后续保费。

表 7-4 爸爸（35 岁）保障方案

序号	投保险种	保障内容	保额	保障期间	缴费期间	缴费金额
1	医疗险	① 包含公立医院特需部、国际部 ② 住院费用报销 200 万元，扣除 5 000 元免赔额后，100% 报销 ③ 包含质子重离子医疗费用报销	200 万元	5 年	5 年	1 844 元
2	重疾险	2 个产品搭配，总计保障如下： ① 重疾不分组赔 2 次，每次赔 100 万元 ② 中症赔 2 次，每次赔 60 万元 ③ 轻症赔 3 次，每次赔 30 万元 ④ 未理赔重疾，身故赔 100 万元 ⑤ 先生、太太首次确诊重疾、中症、轻症，续期保费豁免	100 万元	终身	19 年	36 800 元
4	定期寿险	身故、全残赔 300 万元	300 万元	至 60 岁	至 60 岁	3 927 元
5	意外险	3 个产品搭配，总计保障如下： ① 意外身故赔 300 万元 ② 意外伤残按伤残等级对应比例赔付 ③ 意外医疗报销额度 18 万元，不限社保用药，100% 报销	300 万元	1 年	1 年	2 057 元
人身险合计						44 628 元

表 7-5 妈妈（34 岁）保障方案

序号	投保险种	保障内容	保额	保障期间	缴费期间	缴费金额
1	重疾险	2 个产品搭配，总计保障如下： ① 重疾不分组，赔 2 次，每次赔 100 万元 ② 中症赔 2 次，每次赔 60 万元 ③ 轻症赔 3 次，每次赔 30 万元 ④ 未理赔重疾，身故赔 100 万元 ⑤ 太太、先生首次确诊重疾、中症、轻症，续期保费豁免	100 万元	终身	20 年	33 080 元

续表

序号	投保险种	保障内容	保额	保障期间	缴费期间	缴费金额
2	意外险	2 个产品搭配，总计保障如下： ① 意外身故赔 300 万元 ② 意外伤残按伤残等级对应比例赔付 ③ 意外医疗报销 18 万元，不限社保用药，100% 报销	300 万元	1 年	1 年	2 057 元
3	养老年金险	① 每年交 55 180 元，存 10 年，共交 551 800 元 ② 61 岁起，每月领取 5 000 元、每年共 6 万元养老金，活多久领多久	—	终身	10 年	55 180 元
人身险合计						35 137 元
人身险 + 年金险总合计						90 317 元

表 7-6　女儿（6 岁）保障方案

序号	投保险种	保障内容	保额	保障期间	缴费期间	缴费金额
1	医疗险	① 包含公立医院特需部、国际部 ② 住院费用报销 200 万元，扣除 5 000 元免赔额后，100% 报销 ③ 包含质子重离子医疗费用报销	200 万元	5 年	5 年	1 076 元
2	重疾险	储蓄型产品： ① 重疾不分组赔 3 次，每次赔 50 万元 ② 少儿特定疾病赔 1 次，额外赔 50 万元 ③ 中症赔 2 次，每次赔 25 万元 ④ 轻症赔 3 次，每次赔 15 万元 ⑤ 18 岁后，未理赔重疾，身故赔 50 万元 ⑥ 被保险人首次确诊重疾、中症、轻症，续期保费豁免	50 万元	终身	19 年	7 265 元

续表

序号	投保险种	保障内容	保额	保障期间	缴费期间	缴费金额
2	重疾险	消费型产品： ① 重疾不分组赔 2 次，每次赔 50 万元 ② 少儿特定疾病赔 1 次，额外赔 50 万元 ③ 中症赔 2 次，每次赔 30 万元 ④ 轻症赔 3 次，每次赔 10 万元 ⑤ 身故、全残、疾病终末期赔已交保费 ⑥ 女儿、爸爸首次确诊重疾、中症、轻症，续期保费豁免	50 万元	终身	20 年	3 295 元
3	意外险	① 意外身故赔 20 万元 ② 意外伤残按伤残等级对应比例赔付 ③ 意外医疗报销 1.5 万元，不限社保，100% 报销	20 万元	1 年	1 年	300 元
4	教育金增额寿险	① 每年交 3 万元，交 20 年，总计 60 万元 ② 18 岁～24 岁，每年减保领取 5 万元，用于大学和研究生教育费，领 7 年，共 42 万元 ③ 28 岁孩子结婚，保单价值有 33 万元，可以作为婚前财富规划或结婚费用 ④ 爸爸重疾、轻症、身故，均可豁免后续保费	—	终身	20 年	32 109 元
人身险合计					12 606 元	
人身险 + 年金险总合计					44 715 元	

表 7–7　儿子（2 岁）保障方案

序号	投保险种	保障内容	保额	保障期间	缴费期间	缴费金额
1	医疗险	① 包含公立医院特需部、国际部 ② 住院费用报销 200 万元，扣除 5 000 元免赔额后，100% 报销 ③ 包含质子重离子医疗费用报销	200 万元	5 年	5 年	2 546 元

续表

序号	投保险种	保障内容	保额	保障期间	缴费期间	缴费金额
2	重疾险	储蓄型产品： ① 重疾不分组赔 3 次，每次赔 50 万元 ② 少儿特定疾病赔 1 次，额外赔 50 万元 ③ 中症赔 2 次，每次赔 25 万元 ④ 轻症赔 3 次，每次赔 15 万元 ⑤ 18 岁后，未理赔重疾，身故赔 50 万元 ⑥ 儿子首次确诊重疾、中症、轻症，续期保费豁免 ⑦ 爸爸首次确诊重疾、中症、轻症，续期保费豁免	50 万元	终身	19 年	6 740 元
		消费型产品： ① 重疾不分组赔 2 次，每次赔 50 万元 ② 少儿特定疾病赔 1 次，额外赔 50 万元 ③ 中症赔 2 次，每次赔 30 万元 ④ 轻症赔 3 次，每次赔 10 万元 ⑤ 身故、全残、疾病终末期，赔已交保费 ⑥ 儿子、爸爸首次确诊重疾、中症、轻症，续期保费豁免	50 万元	终身	20 年	3 240 元
3	意外险	① 意外身故赔 20 万元 ② 意外伤残按伤残等级对应比例赔付 ③ 意外医疗报销 1.5 万元，不限社保，100% 报销	20 万元	1 年	1 年	300 元
4	增额寿险	① 每年交 3 万元，交 20 年，总计 60 万元 ② 18 岁～24 岁，每年减保领取 5 万元，用于大学和研究生教育费，领 7 年，共 42 万元 ③ 28 岁孩子结婚，保单价值有 58 万元，可以作为婚前财富规划或结婚费用 ④ 爸爸确诊重疾、轻症，或身故，均可豁免后续保费	—	终身	20 年	32 109 元
人身险合计						**13 136 元**
人身险 + 年金险总合计						**45 245 元**
全家总保费合计（人身险）						**105 507 元**
全家总保费合计（人身险 + 养老金 + 教育金）						**224 905 元**

一家4口人身险总保费约10.6万元，占家庭年收入的18%，将大病、伤残、身故三大人身风险足额转嫁给保险公司。如果先生在交费期确诊重疾、轻症，获赔之后，后续一家4口的重疾险保费共计每年9.1万元不必再交，保障继续有效。

阿玲的养老年金保险和两个孩子的教育金保险每年保费约12万元，占家庭每年结余资金的30%。如果先生确诊重疾、轻症，或身故，后续两个孩子的教育金每年共计6万元保费不必再交，保障继续有效。

年收入100万元的三口之家

梅梅33岁，在银行工作，税后年薪40万元；先生李雷35岁，从事互联网行业，税后年薪60万元。儿子3岁，老人均为60岁。

在市中心有价值1 000万元的学区房一套，房贷200万元，存款200万元。家庭年支出30万～40万元（含房贷、生活费、孩子学费、课外班、老人买药等）。

几个月前，李雷的同事——37岁的大刘加班时突发心肌梗死猝死，6岁的女儿不得不改变原定上私立小学的计划，太太不得不独自扛起300多万元的房贷。这件事让李雷和梅梅深感中年人的脆弱和中产家庭的不易，大病、伤残、身故，都可能让家庭不堪重负。之前从未买过保险的他们，决定给家庭配置齐备的保障。

1. 规划思路

（1）配置险种。

①李雷、梅梅：配置医疗险、重疾险、意外险、定期寿险、养老年金保险。

医疗险用于报销大额住院费用，突破社保报销范围。重疾险用于发生大病时一次性赔付一笔钱，解决大病情况下不能工作带来的收入损失，支付日常生活及养病费用。意外险用于发生意外伤残时一次性赔付一笔钱，解决伤残情况下不能工作带来的收入损失，支付日常生活及养伤费用。发生意外小事故，意外险还可以报销门诊和住院等就医费用，弥补社保报销范围限制，以及商业医疗险无法报销门诊费用的限制。定期寿险用于身故时一次性赔付一笔钱给配偶、孩子、父母，万一自己不幸早逝，可以保障家人生活。养老年金保险用于保障老年阶段的生活品质。

②儿子：配置医疗险、重疾险、意外险、教育年金保险。

宝宝不承担家庭责任，无须配置寿险。医疗险作用与大人相同，重疾险用于宝宝发生大病时一次性赔付一笔钱，解决父母照顾孩子期间不能工作带来的收入损失，支付日常生活及养病费用。意外险用于发生意外伤残时一次性赔付一笔钱，弥补经济损失。发生意外小事故，意外险还可以报销门诊和住院等就医费用，弥补社保报销范围限制，以及商业医疗险无法报销门诊费用的限制。教育金保险用于保证孩子的受教育权。

（2）保障额度。

①重疾险：李雷 300 万元，梅梅 200 万元，儿子 100 万元。

大病之后，至少要有 3～5 年的时间治病、休养、康复，所以重疾险最基本的品种，保额要覆盖 3～5 年内的生活开销。再考虑周全些，充足的保额应覆盖 3～5 倍年收入，在治病养病期间，维持家庭收入不变。李雷和梅梅希望给大人做足保障——5 倍年收入，儿子适当配置即可。

②医疗险：一家三口每人配置中端医疗险，有 200 万元的特需部住院报销额度。

③意外险：李雷 600 万元保额，梅梅 400 万元保额。意外伤残是根据等级按比例赔付的，所以意外险的保额至少要比重疾险高 1 倍，或直接按照年收入 10 倍购买更踏实。

④定期寿险：李雷 600 万元保额，梅梅 400 万元保额。梅梅家有 200 万元房贷，孩子才 3 岁，老人年纪也大了，所以希望寿险额度高些，覆盖 10 倍

年收入——梅梅 400 万元，李雷 600 万元。

⑤养老年金险：退休后每月补充 1 万元养老金。梅梅夫妇希望退休后每隔两三个月能出国玩一趟，粗略估计每年费用在 12 万元左右，需要每月比别人多领 1 万元作为养老金补充。

⑥教育金保险：很多家庭从孩子一出生就规划好了教育金保险。梅梅的儿子 3 岁，将来想让孩子出国留学，每年学费预估 30 万元。

2. 具体方案

李雷、梅梅和儿子的保障方案，分别如表 7–8、表 7–9 和表 7–10 所示。

（1）重疾险：终身和定期产品搭配。

产品类型，为适度控制保费，以终身储蓄型重疾险为基础配置，以定期产品为辅助配置。终身储蓄型产品赔付确定，杠杆有保底，保障责任齐全，有病赔钱，没病等身故后将补偿金赔给孩子。为适当控制预算，搭配部分定期重疾险（大人保到 70 岁，孩子保障 30 年）。

李雷搭配 150 万元定期产品，梅梅搭配 100 万元定期产品，儿子搭配 50 万元定期产品。70 岁以后重疾风险更大，更需要保险，所以定期重疾险只能作为辅助搭配，适当降低保费，提升责任期的保额，基础配置仍应以终身重疾险为主。

另外，建议梅梅和李雷互为对方重疾险的投保人，加上投保人豁免附加险，一人发生风险，两个人的重疾险保费就都不用交了。李雷年收入较高，作为孩子保险的投保人，加投保人豁免险。

（2）医疗险：中端医疗险。

不带门诊责任，只保障住院，设置 5 000 元免赔额，以降低保费，转嫁大风险。

（3）意外险：一年期产品。

意外医疗要包含社保外用药，不同公司产品搭配购买。

（4）寿险：选择性价比较高、免责条款少的产品。

寿险的保障期限要有层次配置。

随着年龄增长，责任逐步完成，寿险保额需求也会逐步下降，所以寿险的保障期限可以按照时间段有层次地进行搭配。比如李雷的600万元中包含3部分：200万元保额保障10年，200万元保额保障20年，200万元保额保障30年。梅梅的400万元中包含两部分：200万元保额保障10年，200万元保额保障20年。

（5）养老年金险。

一般女性寿命较男性长，建议以梅梅为被保险人，总保费预算100万元左右，分10年交，每年保费10万元左右，从60岁开始每年领养老金，活多久领多久。如果80岁前身故，可以把80岁前应领未领的养老金留给李雷或儿子。

（6）教育年金保险。

分5年交费，每年交20万元，总保费100万元。儿子从18岁起每年领取30万元作为留学费用，领4年。到孩子28岁，还可以领出57万元作为创业基金或者结婚费用。

表7-8　李雷（35岁）保障方案

序号	投保险种	保障内容	保额	保障期间	缴费期间	缴费金额
1	医疗险	① 一般住院医疗费用报销，不限社保，免赔额5 000元，100%报销 ② 重大疾病住院费用报销，不限社保，免赔额5 000元，100%报销 ③ 重大疾病住院津贴300元/天，年限60天 ④ 医院：大陆二级及二级以上公立医院的普通部、特需医疗部	200万元	1年	1年	1 616元

续表

序号	投保险种	保障内容	保额	保障期间	缴费期间	缴费金额
2	重疾险	定期型重疾险，3 个产品搭配，总计保障如下： ① 重疾赔 1 次，赔 150 万元 ② 轻症 3 次，每次赔 45 万元 ③ 未理赔重疾，身故赔 150 万元	150 万元	至 70 岁	20 年	29 800 元
		终身重疾险，3 个产品搭配，总计保障如下： ① 重疾不分组赔 2 次，每次赔 150 万元 ② 中症赔 3 次，每次赔 75 万元 ③ 轻症赔 3 次，每次赔 30 万元 ④ 未理赔重疾，身故赔 150 万元 ⑤ 先生、太太首次确诊重疾、中症、轻症，豁免续期保费	150 万元	终身	19 年	52 373 元
3	定期寿险	3 个产品搭配，总计保障如下： ① 10 年内身故、全残，赔 600 万元 ② 第 10～20 年身故、全残，赔 400 万元 ③ 第 20～30 年身故、全残，赔 200 万元	600 万元	30 年	30 年	9 168 元
4	意外险	保一年意外险，3 个产品搭配，总计保障如下： ① 意外身故赔 400 万元 ② 意外残疾按比例赔付 ③ 猝死赔 30 万元 ④ 意外医疗报销额度 18 万元，不限社保用药，100% 报销	400 万元	1 年	1 年	2 356 元
		保终身长期意外险： ① 一般意外伤残按比例赔付 ② 一般意外身故赔 200 万元 ③ 意外伤残豁免续期保费 ④ 猝死赔 100 万元 ⑤ 乘用车意外身故多赔 100 万元 ⑥ 水运交通意外身故多赔 200 万元 ⑦ 航空意外身故最高多赔 600 万元，伤残按 300% × 保额赔付	200 万元	终身	20 年	2 960 元
人身险合计						98 273 元

表 7-9　梅梅（33 岁）保障方案

序号	投保险种	保障内容	保额	保障期间	缴费期间	缴费金额
1	医疗险	① 一般住院医疗费用报销，不限社保，免赔额 5 000 元，100% 报销 ② 重大疾病住院费用报销，不限社保，免赔额 5 000 元，100% 报销 ③ 重大疾病住院津贴 300 元/天，年限 60 天 ④ 医院：大陆二级及二级以上公立医院的普通部、特需医疗部	200 万元	1 年	1 年	1 449 元
2	重疾险	定期重疾险，2 个产品搭配，总计保障如下： ① 重疾不分组赔 1 次，赔 100 万元 ② 轻症 3 次，每次赔 30 万元 ③ 全残按比例赔保额 ④ 身故、疾病终末期赔 100 万元	100 万元	至 70 岁	20 年	15 714 元
		终身重疾险，2 个产品搭配，总计保障如下： ① 重疾不分组赔 2 次，每次赔 100 万元 ② 中症赔 3 次，每次赔 50 万元 ③ 轻症赔 3 次，每次赔 20 万元 ④ 恶性肿瘤关爱金 1 次，85 岁前赔 25 万元 ⑤ 身故、疾病终末期赔 100 万元 ⑥ 全残按比例赔付保额 ⑦ 太太、先生首次确诊重疾、中症、轻症，续期保费豁免	100 万元	终身	19 年	31 033 元
3	定期寿险	2 个产品搭配，总计保障如下： ① 10 年内身故、全残，赔 400 万元 ② 第 10～20 年身故、全残，赔 200 万元	400 万元	20 年	20 年	1 850 元
4	意外险	一年期意外险，2 个产品搭配，总计保障如下： ① 意外身故赔 200 万元 ② 意外残疾按比例赔付 ③ 猝死赔 60 万元 ④ 意外住院津贴 200～300 元/天，年限 180 天 ⑤ 意外医疗年限报销 15 万元，0 免赔不限社保用药，100% 报销	200 万元	1 年	1 年	1 758 元

续表

序号	投保险种	保障内容	保额	保障期间	缴费期间	缴费金额
4	意外险	保终身的长期意外险： ① 一般意外伤残按比例赔付 ② 一般意外身故赔 100 万元 ③ 意外伤残豁免续期保费 ④ 猝死赔 100 万元 ⑤ 乘用车意外身故多赔 100 万元 ⑥ 水运交通意外身故多赔 200 万元 ⑦ 航空意外身故最高多赔 600 万元，伤残按 300% × 保额赔付	200 万元	终身	20 年	3 340 元
5	养老金	① 每年存 95 949 元，存 10 年，共计 959 490 元 ② 从 61 岁起，每个月给自己补充 9 000 元养老金，每年 10.9 万元，活多久领多久	—	终身	10 年	95 949 元
人身险合计						55 145 元
总合计						151 094 元

表 7-10　儿子（3 岁）保障方案

序号	投保险种	保障内容	保额	保障期间	缴费期间	缴费金额
1	医疗险	① 一般住院医疗费用报销，不限社保，免赔额 5 000 元，100% 报销 ② 重大疾病住院费用报销，不限社保，免赔额 5 000 元，100% 报销 ③ 重大疾病住院津贴 300 元/天，年限 60 天 ④ 医院：大陆二级及二级以上公立医院的普通部、特需医疗部	200 万元	1 年	1 年	1 731 元
2	重疾险	定期型： ① 重疾不分组赔 2 次，每次赔 50 万元 ② 中症不分组赔 2 次，每次赔 30 万元 ③ 轻症不分组赔 3 次，每次赔 10 万元 ④ 少儿特定疾病 1 次，额外赔 50 万元	50 万元	30 年	20 年	765 元

续表

序号	投保险种	保障内容	保额	保障期间	缴费期间	缴费金额
2	重疾险	⑤ 少儿罕见疾病 1 次，额外赔 50 万元 ⑥ 身故赔 50 万元 ⑦ 全残按比例赔保额 ⑧ 疾病终末期 18 岁前，赔累计已交保费；18 岁后，赔 50 万元 ⑨ 儿子、爸爸首次确诊重疾、中症、轻症，续期保费豁免	50 万元	30 年	20 年	765 元
		终身储蓄型： ① 重疾不分组赔 3 次，每次赔 50 万元 ② 中症不分组赔 2～3 次，每次赔 25 万元 ③ 轻症不分组赔 3 次，每次赔 15 万元 ④ 少儿特定疾病赔 1 次，额外赔 50 万元 ⑤ 糖尿病特定疾病：75 岁前糖尿病特定并发症赔 1 次，赔 6 万元 ⑥ 身故赔 50 万元 ⑦ 全残按比例赔保额 ⑧ 儿子、爸爸首次确诊重疾、中症、轻症，续期保费豁免	50 万元	终身	19 年	6 925 元
3	意外险	① 意外身故赔 20 万元 ② 意外残疾按比例赔付 ③ 猝死赔 3 万元 ④ 意外医疗年限报销 1.5 万元，0 免赔不限社保，100% 报销	20 万元	1 年	1 年	300 元
4	年金险	① 每年交 20 万元，交 5 年，总保费 100 万元 ② 18 岁～21 岁，每年减保领取 30 万元，领 4 年，共领取 120 万元，作为大学学费和生活费 ③ 28 岁可以减保领取 57 万元，作为创业基金或结婚费用补充，亦可作为婚前财富规划	—	终身	5 年	20 万元
人身险合计						9 621 元
人身险 + 年金险总合计						209 621 元
全家人身险总保费合计						163 039 元
全家总保费合计（人身险 + 养老金 + 增额寿险）						458 988 元

全家人身险总保费约16.3万元，将大病、伤残、身故三大人身意外风险足额转嫁给保险公司。保费支出以家庭经济支柱为主，先生李雷保费占比60%，太太梅梅保费占比32%，儿子保费占比8%。如果李雷发生重疾、轻症、身故，获赔之后，一家三口重疾险总保费每年13.6万元不必再交，保障继续有效。

梅梅的养老金和儿子的教育金每年保费合计29.5万元，其中，儿子的教育金每年交20万元,交5年；梅梅的养老金每年9.5万元,交10年。5年之内，每年保费占家庭结余的50%；第6～10年每年保费占家庭结余的15%。10年之后总保费共计195万元，约占家庭可投资资产的30%。

年收入150万元的三口之家

甜甜30岁，先生大刚35岁，都是名校研究生学历；女儿1岁。甜甜在医院工作，年收入20万元；大刚在某互联网科技公司任管理职位，年收入130万元。两人年工资收入合计150万元，每年生活费用约50万元。

他们在北京有两套房产，价值在2 000万元左右，房贷约400万元。家庭投资由甜甜负责，甜甜风险意识比较强，投资偏稳健，家里资金基本都买了银行理财产品。

大刚是家庭主要经济支柱，所在的互联网行业工作压力很大，熬夜加班严重，虽然目前身体还可以,但大刚的很多同事都有心脏方面的问题——加班累出来的。所以，甜甜希望给家人特别是大刚配置好健康保险，转嫁家庭收入损失风险。

同时，她希望更科学地打理家庭财富，在安全的前提下获得稳定增值，并有效解决将来孩子教育、自己养老等大项生活开支。

1．规划思路

（1）配置险种。

①甜甜和大刚配置齐全的人身险——医疗险、重疾险、意外险、寿险，

另配置养老年金保险。

医疗险用于报销大额住院费用，突破社保报销范围。重疾险用于发生大病时一次性赔付一笔钱，解决大病情况下不能工作带来的收入损失，支付日常生活及养病费用。意外险用于发生意外伤残时一次性赔付一笔钱，解决伤残情况下不能工作带来的收入损失，支付日常生活及养伤费用。发生意外小事故，意外险还可以报销门诊和住院等就医费用，弥补社保报销范围限制，以及商业医疗险无法报销门诊费用的限制。定期寿险用于身故时一次性赔付一笔钱给配偶、孩子、父母，万一自己不幸早逝，可以保障家人生活。养老年金保险用于保障老年阶段的生活品质。

② 1 岁女儿配置医疗险、重疾险、意外险，以及教育年金保险。

宝宝不承担家庭责任，无须配置寿险。医疗险作用与大人相同，重疾险用于宝宝发生大病时一次性赔付一笔钱，解决父母照顾孩子期间不能工作带来的收入损失，支付日常生活及养病费用。意外险用于发生意外伤残时一次性赔付一笔钱，弥补经济损失。发生意外小事故，意外险还可以报销门诊和住院等就医费用，弥补社保报销范围限制，以及商业医疗险无法报销门诊费用的限制。教育金保险用于保证孩子的受教育权。

（2）保障额度。

①重疾险：甜甜 100 万元，大刚 350 万元，女儿 100 万元。

充足的重疾险保额应覆盖 3～5 倍年收入，以在治病养病期间维持家庭收入不变。甜甜年收入 20 万元，配置 5 倍年收入——100 万元保额重疾险，为一线城市中产家庭的基础配置；大刚年收入 130 万元，配置近 3 倍年收入——350 万元保额重疾险。

女儿配置重疾险主要为弥补父母照顾孩子的收入损失，参照甜甜的保额配置 100 万元。

②医疗险：一家三口每人配置普通医疗险，每年有 200 万元的住院报销额度。

甜甜在知名三甲医院工作，可以在本院协调住院床位，所以暂不考虑中高端医疗险，先配置普通住院医疗险，主要解决大额看病费用。

③意外险：甜甜 200 万元保额，大刚 600 万元保额，女儿 20 万元保额。

意外伤残是根据等级按比例赔付的，所以意外险的保额至少要比重疾险高 1 倍，或直接按照年收入 10 倍购买更踏实。甜甜按照年收入 10 倍——200 万元保额配置，大刚按照近 5 倍年收入——600 万元保额配置，接近重疾险保额的 2 倍。

④定期寿险：甜甜 200 万元保额，大刚 1 000 万元保额。

甜甜家有 400 万元房贷，孩子 1 岁，家庭责任较重，且主要压力都由大刚承担。考虑到寿险保额覆盖房贷和 10 年左右生活开销，给大刚配置 1 000 万元保额定期寿险。甜甜不是家庭主要经济来源，寿险保额参考年收入的 10 倍——200 万元配置。

⑤增额寿险：150 万元资金稳定增值。

甜甜打算把一部分放在银行理财产品中的资金逐步转到保险中，作为长期规划，首先是实现安全、稳收益的理财目标，以后视情况用来解决孩子教育、结婚、自己养老等支出，同时又希望资金比较灵活，万一有什么急事儿，可以从中支取。建议选择增额终身寿险，资金安全、稳定增值、支取灵活。

她计划每年交 15 万元，交 10 年，累计 150 万元，到孩子 11 岁时，大刚 46 岁，甜甜 40 岁，保费就交完了。趁年轻积攒下的这笔财富，首先可以保障孩子的受教育权，即便大人发生什么疾病风险，或是投资遇到什么困难，孩子上大学的费用依然很安全。

甜甜希望孩子将来出国留学，那么将来孩子就可以从保单中每年支取 30 万元作为留学费用，4 年总共支取 120 万元，保单价值还有 120 余万元，继续增值。到孩子 28 岁结婚时，保单价值有 160 万元，可以作为女儿的结婚费用或是婚前财产，女儿可以终身持有保单，不受婚姻风险影响。

当然，如果甜甜和大刚用其他方式解决了孩子的教育费用，或者后面另外给女儿单独投保了专用于婚前财富保全的保单，这份保单就可以用来解决甜甜和大刚的养老费用，从甜甜 60 岁开始，每年领 20 万元用于养老，够支付经常出国旅游或是入住高端养老社区的费用，领到 80 岁，一共可以领 400 万元，保单价值还有 100 余万元，可以作为受益金传承给孩子。传承给孩子的这笔钱也是属于孩子的个人财产，不会受到婚姻风险等的影响。

2. 具体方案

大刚、甜甜和儿子的保障方案，分别如表 7–11、表 7–12 和表 7–13 所示。

（1）重疾险：储蓄型和消费型产品搭配。

产品类型以终身储蓄型重疾险为基础配置，以终身消费型产品为辅助配置。

终身储蓄型产品赔付确定，杠杆有保底，保障责任齐全，有病赔钱，没病等身故后将补偿金赔给孩子。为适当控制预算，可以搭配部分消费型重疾险，只保障大病，不保障身故。均选择多次赔付重疾险。

甜甜的 100 万元保额重疾险全部选择终身储蓄型产品；大刚的 350 万元保额，配置 200 万元保额的储蓄型产品，150 万元保额的终身消费型产品。两人互为投保人，加投保人豁免险，一方发生重疾风险时，双方保费可以都豁免。

宝宝的 100 万元保额，全部选择终身储蓄型产品。以大刚作为投保人，加投保人豁免险，如果爸爸发生重疾风险，宝宝的保费豁免。

（2）医疗险：普通医疗险。

不带门诊责任，只保障住院，有 1 万元免赔额，报销额度 200 万元。选择续保条件较好，保证续保 20 年的产品。

（3）意外险：一年期产品和终身产品搭配购买。

一年期产品的意外医疗要包含社保外用药，长期意外险主要解决身故、伤残风险。甜甜的 200 万元保额意外险，其中 100 万元为保一年期产品，100 万元为保终身产品。大刚的 600 万元保额，其中 400 万元为一年期产品，200 万元为保终身产品。宝宝的 20 万元保额配置一年期产品。

（4）寿险：高性价比产品。

选择性价比较高、免责条款少的产品。甜甜的 200 万元保额寿险，保障 30 年时间；大刚的 1 000 万元保额寿险，800 万元保障 20 年，200 万元保障 30 年。

（5）增额寿险：利益高的产品。

购买增额寿险是为了实现资金安全、稳定增值，保险合同就是最好的利益保证。寿险保单的安全性远高于其他理财工具，受到《保险法》的保护，所以选择“现金价值”高的产品，在保证安全稳定的前提下提升收益水平。

表 7-11　大刚（35 岁）保障方案

序号	投保险种	保障内容	保额	保障期间	缴费期间	缴费金额
1	医疗险	① 一般住院医疗费用报销 ② 特定疾病医疗费用报销 ③ 免赔额 1 万元，100% 报销，20 年保证续保 ④ 医院：大陆公立二级或二级以上的普通部	200 万元	1 年	1 年	375 元
2	重疾险	消费型产品，3 个产品搭配，总计保障如下： ① 重疾不分组赔 2 次，每次赔 150 万元 ② 中症 2 次，每次赔 85 万元 ③ 轻症 3 次，每次赔 45 万元 ④ 先生、太太首次确诊重疾、中症、轻症，续期保费均豁免	150 万元	终身	20 年	31 958 元

续表

序号	投保险种	保障内容	保额	保障期间	缴费期间	缴费金额
2	重疾险	储蓄型产品，4 个产品搭配，总计保障如下： ① 重疾不分组赔 2 次，每次赔 200 万元 ② 中症赔 3 次，每次赔 100 万元 ③ 轻症赔 3 次，每次赔 40 万元 ④ 未理赔重疾，身故赔 200 万元 ⑤ 先生、太太首次确诊重疾、中症、轻症，续期保费均豁免	200 万元	终身	19 年	69 103 元
3	定期寿险	① 20 年内身故、全残，赔 1 000 万元 ② 第 20～30 年身故、全残，赔 200 万元	800 万元	20 年	20 年	13 056 元
			200 万元	30 年	30 年	3 390 元
4	意外险	终身型： ① 意外身故赔 200 万元 ② 意外伤残按比例赔付保额 ③ 意外伤残豁免续期保费	200 万元	终身	20 年	2 700 元
		一年期： ① 意外身故赔 400 万元 ② 意外伤残按比例赔付保额 ③ 意外医疗费用报销 21 万元（其中 6 万元限社保内用药，15 万元不限社保用药），0 免赔，100% 报销	400 万元	1 年	1 年	2 356 元
人身险合计						123 198 元

表 7-12　甜甜（30 岁）保障方案

序号	投保险种	保障内容	保额	保障期间	缴费期间	缴费金额
1	医疗险	① 一般住院医疗费用报销 ② 特定疾病医疗费用报销 ③ 免赔额 1 万元，100% 报销，20 年保证续保 ④ 医院：大陆公立二级或二级以上的普通部	200 万元	1 年	1 年	282 元

续表

序号	投保险种	保障内容	保额	保障期间	缴费期间	缴费金额
2	重疾险	2 个产品搭配，总计保障如下： ① 重疾不分组赔 2 次，每次赔 100 万元 ② 中症赔 3 次，每次赔 50 万元 ③ 轻症赔 3 次，每次赔 20 万元 ④ 未理赔重疾，身故赔 100 万元 ⑤ 先生、太太首次确诊重疾、中症、轻症，续期保费均豁免	100 万元	终身	19 年	27 157 元
3	定期寿险	身故、全残赔 200 万元	200 万元	30 年	30 年	1 178 元
4	意外险	一年期： ① 意外身故赔 100 万元 ② 意外残疾按比例赔付 ③ 意外医疗年限报销 5 万元，限社保用药，90% 报销	100 万元	1 年	1 年	369 元
		终身型： ① 意外身故赔 100 万元 ② 意外残疾按比例赔付 ③ 意外伤残豁免续期保费 ④ 猝死赔 50 万元 ⑤ 乘用车意外身故多赔 50 万元 ⑥ 水运交通意外身故多赔 100 万元 ⑦ 航空意外身故最高多赔 300 万元，伤残按 300% × 保额赔付	100 万元	终身	1 年	1 620 元
5	增额寿险	① 每年交 15 万元，交 10 年，共计总保费 150 万元 ② 孩子 18 岁～21 岁，可以每年减保领取 30 万元，领 4 年，共领取 120 万元，作为孩子出国留学费用 ③ 孩子 28 岁保单价值还有 162 万元，可作为孩子婚前财富规划，也可以用于自己养老，甜甜从 57 岁每年领取 10 万元养老金，领至 80 岁	—	终身	10 年	15 万元
人身险合计						**29 266 元**
总合计						**179 266 元**

表 7-13 女儿（1 岁）保障方案

序号	投保险种	保障内容	保额	保障期间	缴费期间	缴费金额
1	医疗险	① 一般住院医疗费用报销 ② 特定疾病医疗费用报销 ③ 免赔额 1 万元，100% 报销，20 年保证续保 ④ 医院：大陆公立二级或二级以上的普通部	200 万元	1 年	1 年	524 元
2	重疾险	2 个产品搭配，总计保障如下： ① 重疾不分组赔 2 次，每次赔 100 万元 ② 少儿特定疾病赔 1 次，额外赔 100 万元 ③ 中症赔 2 次，每次赔 50 万元 ④ 轻症赔 3 次，每次赔 30 万元 ⑤ 18 岁后，未理赔重疾，身故赔 100 万元 ⑥ 爸爸、女儿首次确诊重疾、中症、轻症，豁免续期保费	100 万元	终身	19 年	13 290 元
3	意外险	① 意外身故赔 20 万元 ② 意外残疾按比例赔付 ③ 意外医疗报销 1.5 万元，不限社保，100% 报销	20 万元	1 年	1 年	300 元
人身险合计						14 114 元
全家总保费合计（人身险）						166 578 元
全家总保费合计（人身险 + 养老金 + 教育金）						316 578 元

全家人身险总保费约 16.7 万元，将大病、伤残、身故三大人身意外风险足额转嫁给保险公司。保费支出以家庭经济支柱为主，先生大刚保费占比 73%，太太甜甜保费占比 19%，女儿保费占比 8%。如果大刚发生重疾、轻症、身故，获赔之后，一家三口重疾险总保费每年 14.1 万元不必再交，保障继续有效。

甜甜的养老金和女儿的教育金每年保费 15 万元，交 10 年，每年保费占家庭结余的 15%。总保费 150 万元，约占家庭可投资资产的 30%。

年收入 200 万元的三口之家

王总 45 岁，是某投资公司高管，年收入 200 万元；太太黄女士 42 岁，全职在家；女儿 15 岁，读高一。在北京有两套核心地段房产，没有房贷。家庭每年消费 60 万元左右，主要用于日常生活、人情往来、女儿课外班等。

王总单位有团体高端医疗险，太太和女儿有基本社保，10 多年前为女儿购买了两份年金保险，已开始领取教育金。

最近婆婆因心脏病住院，黄女士在家和医院之间来回奔波，深感疲惫。她说，女儿高一，学习压力很大；老人 70 多岁了，身体越来越差，深深感到作为中年人上有老、下有小的压力。多亏先生收入还不错，医疗、生活等各项费用都不成问题。但毕竟是奔 50 岁的人了，虽然现在身体健康，但生老病死谁也逃不过，趁着身体好，提前做好保障规划，心里会比较踏实。

黄女士希望在女儿工作、结婚前，给她做好万全准备。一是帮她做好保障规划，减轻以后她的收入压力；二是把家里的财富保护好，让女儿有舒适的生活。

黄女士说，20 年前她曾经是公务员，后来为了支持先生发展事业，生完女儿她就没有去工作了，一直是全职主妇。有时候看着同龄人在职场打拼，还是挺羡慕的，但脱离社会的时间越久，就越胆怯，再也回不去职场了。好在先生对她非常好，她也掌握着家里的“财政大权”，但她一直很想像经济独立的女性一样，有一份属于自己的稳定收入。

1. 保障规划思路

（1）配置险种。

①先生王总：配置重疾险、意外险、寿险。

单位有团体高端医疗险，所以暂不考虑配置医疗险。重疾险可以在生大病时一次性赔付一笔钱，解决大病情况下不能工作带来的收入损失，支付日常生活及养病费用。意外险对意外伤残可以一次性赔付一笔钱，解决伤残情况下不能工作带来的收入损失，支付日常生活及养伤费用。寿险可以在王总身故后一次性赔付一笔钱给女儿，保险受益金属于个人财产，不会受到女儿婚姻风险影响，确保财富精准传承。

②太太黄女士：配置重疾险、意外险、医疗险、年金险。

黄女士是全职主妇，不承担家庭经济责任，所以不配置寿险，而是由先生王总投保寿险，作为财富传承手段。

全职主妇虽然没有收入，但也要配置重疾险、意外险，生大病或是伤残可以一次性赔付一笔钱，作为养病、养伤费用，减轻先生王总的陪护压力。由于黄女士只有基本社保，无法解决全部看病费用，所以需要配置医疗险，补充社保的不足。

购买年金险，可以让黄女士实现“有属于自己的稳定现金流”的愿望，年金险的现金流源源不断，可以持续终身，还能解决她和先生的养老问题。

③女儿：配置重疾险、意外险、医疗险、年金险。

女儿虽然目前不承担家庭经济责任，但如果发生疾病、伤残风险，也会给家庭带来经济损失。配置重疾险、意外险，生大病或是伤残可以一次性赔付一笔钱，作为养病、养伤费用，减轻父母支出。而且再过七八年，她也会大学毕业参加工作，届时也需要自己买保险，现在父母提前帮她配置好，可以锁定较低的保费。

同时为女儿投保一份年金保险，将来作为结婚嫁妆，在婚礼上送给她，这份保单嫁妆的本金安全，是女儿的婚前财产，不受婚姻风险影响，而且稳定增值。女儿从 25 岁开始就可以每年领取年金，保障生活品质。

（2）保障额度。

①王总的各项保障额度。

重疾险：保额 400 万元。重疾险一般建议至少配置 3～5 倍年收入或生活支出。王总年收入 200 万元，家庭年支出 60 万元，选择配置 400 万元保额重疾险，一旦发生大病风险，赔付 400 万元，够支付家庭 6 年左右生活支出，弥补 2 年收入损失，缓解家庭经济压力。

意外险：保额 800 万元。发生意外伤残，意外险会根据伤残等级按照一定比例赔付。为了获得较充足的赔付金额，意外险保障一般按照年收入或是年支出的 8～10 倍配置，或是按照重疾险保额的 2 倍配置。王总选择按照重疾险 2 倍保额，配置 800 万元意外险。

终身寿险：保额 500 万元。王总百年之后，女儿可以获得 500 万元受益金。500 万元在王总计算传承给女儿的总体现金类财富中，占比约 30% 左右，但保费成本较低，相当于给传承财富加了 2 倍杠杆。

②黄女士的各项保障额度。

重疾险：保额 100 万元。考虑到重疾的治疗和休养时间可能要 3～5 年，黄女士配置 100 万元保额重疾险。一旦发生重疾，一是会耽误先生工作，二是可能需要请人照顾，赔付的 100 万元，足够支付 5 年左右的护工或保姆费用，还可以部分弥补先生的收入损失。

意外险：保额 200 万元。参照重疾险保额 2 倍配置意外险。

医疗险：保额 1 000 万元。先生单位有团体高端医疗险，黄女士希望自己也能享有较好的医疗品质，万一有什么大病是国内治不好的，可以考虑去国外看病，所以配置能在国外就医的高端医疗险。对于私立医院、国外就医来说，看大病可能要花几百万元，每年可以报销 1 000 万元的高端医疗险才够用。

养老年金险：从 55 岁开始，每月领取 1 万元养老金。黄女士购买的养老金保险，从 55 岁开始每月领取 1 万元养老金，领取终身，活多久领多久，能够形成持续不断的现金流。如果 75 岁之前黄女士不幸去世，还可以赔给女儿一笔身故受益金，受益金同样属于女儿个人财产。

③女儿的各项保障额度。

重疾险：保额 200 万元。给女儿配置 200 万元保额重疾险，一是考虑到女儿发生疾病风险，会给家庭带来经济损失；二是考虑到女儿将来长大、结婚后，身上有了担子，提前配置较高保额，可以帮她节省保费支出；三是女儿保障时间长，要适当考虑通胀因素。

意外险：保额 50 万元。按照银保监会规定，10～18 岁未成年人身故风险保额不得超过 50 万元，所以配置 50 万元保额意外险。

医疗险：保额 1 000 万元。同样给女儿配置可以全球就医的高端医疗险。

年金险：总保费 100 万元。给女儿配置 100 万元年金保险，一是作为她的婚前财产规划；二是从 25 岁开始享受源源不断的现金流，帮她提升生活品质；三是相当于提前帮她锁定了一个稳定复利增值的理财工具，对抗利率下行趋势。

2. 具体方案

王总、黄女士和女儿的保障方案，分别如表 7–14、表 7–15 和表 7–16 所示。

表 7–14　王总（45 岁）保障方案

序号	投保险种	保障内容	保额	保障期间	缴费期间	缴费金额
1	重疾险	4 个产品搭配，总计保障如下： ① 重疾不分组赔 2 次，每次赔 400 万元 ② 中症赔 3 次，每次赔 240 万元 ③ 轻症赔 3 次，每次赔 120 万元 ④ 未理赔重疾，身故赔 400 万元 ⑤ 先生首次确诊重疾、中症、轻症，豁免续期应交保费	400 万元	终身	19 年	181 440 元
2	意外险	一年期，7 个产品搭配，总计保障如下： ① 意外身故赔 700 万元 ② 意外残疾按比例赔付 ③ 意外医疗报销 41 万元，0 免赔，不限社保，100% 报销	700 万元	1 年	1 年	6 472 元

续表

序号	投保险种	保障内容	保额	保障期间	缴费期间	缴费金额
2	意外险	终身型： ① 意外身故赔 100 万元 ② 意外伤残按比例赔付保额 ③ 意外伤残豁免续期保费 ④ 猝死赔 50 万元 ⑤ 乘用车意外身故多赔 50 万元 ⑥ 水运交通意外身故多赔 100 万元 ⑦ 航空意外身故最高多赔 300 万元，伤残按 300% × 保额赔付	100 万元	终身	20 年	1 600 元
3	终身寿险	身故、全残，赔付 500 万元	500 万元	终身	10 年	219 500 元
人身险合计					189 512 元	
总合计					409 102 元	

表 7-15　黄女士（42 岁）保障方案

序号	投保险种	保障内容	保额	保障期间	缴费期间	缴费金额
1	重疾险	2 个产品搭配，总计保障如下： ① 重疾不分组赔 2 次，每次赔 100 万元 ② 中症赔 3 次，每次赔 50 万元 ③ 轻症赔 3 次，每次赔 20 万元 ④ 未理赔重疾，身故赔 100 万元 ⑤ 太太首次确诊重疾、中症、轻症，豁免续期保费 ⑥ 先生首次确诊重疾、全残，或身故，豁免续期保费	100 万元	终身	19 年	38 228 元
2	意外险	2 个产品搭配，总计保障如下： ① 意外身故赔 200 万元 ② 意外残疾按比例赔付 ③ 猝死赔 30 万元 ④ 意外医疗年限报销 15 万元，不限社保用药，100% 报销	200 万元	1 年	1 年	1 758 元

续表

序号	投保险种	保障内容	保额	保障期间	缴费期间	缴费金额
3	医疗险	① 全球除美国（不含昂贵医院） ② 住院医疗费用报销，免赔额 8 000 元 / 年，100% 报销	1 000 万元	1 年	1 年	8 434 元
4	养老金	56 岁开始，每月领取 1 万元，每年累计 12 万元，活多久领多久	—	终身	10 年	177 510 元
人身险合计						48 420 元
总合计						225 930 元

表 7-16　女儿（15 岁）保障方案

序号	投保险种	保障内容	保额	保障期间	缴费期间	缴费金额
1	重疾险	2 个重疾险产品搭配，总计保障如下： ① 重疾不分组赔 2 次，每次赔 200 万元 ② 少儿特定疾病赔 1 次，额外赔 100 万元 ③ 中症不分组赔 2 次，每次赔 100 万元 ④ 轻症不分组赔 3 次，每次赔 60 万元 ⑤ 未理赔重疾，18 岁后身故赔 200 万元 ⑥ 女儿首次确诊重疾、中症、轻症，豁免续期应交保费 ⑦ 爸爸首次确诊重疾、全残，或身故，豁免续期保费	200 万元	终身	19 年	33 040 元
2	意外险	① 意外身故赔 50 万元 ② 意外残疾按比例赔付 ③ 意外医疗报销 3 万元，不限社保，0 免赔，100% 报销	50 万元	1 年	1 年	600 元
3	医疗险	① 全球除美国（不含昂贵医院） ② 住院医疗费用报销，免赔额 8 000 元 / 年，100% 报销	1 000 万元	1 年	1 年	2 884 元

续表

序号	投保险种	保障内容	保额	保障期间	缴费期间	缴费金额
4	教育金	① 25 岁～88 岁，每年领取 4.5 万元，共领 293 万元，88 岁时返还 100 万元 ② 利益共计 393 万元，约为本金的 4 倍	—	终身	5 年	20 万元
人身险合计						36 674 元
总合计						236 674 元
全家总保费合计（人身险）						274 606 元
全家总保费合计（人身险 + 定额寿险 + 养老金 + 教育金）						871 616 元

重疾险：储蓄型产品。终身储蓄型产品，赔付确定，杠杆有保底，保障责任齐全，有病赔钱，没病等身故后将补偿金赔给孩子。

医疗险：高端医疗险。不带门诊责任，只保障住院，保障全球，不含美国地区，不含昂贵医院，有 8 000 元免赔额，报销额度 1 000 万元。

意外险：一年期产品和终身产品搭配购买。一年期产品的意外医疗包含社保外用药，长期意外险主要解决身故、伤残风险。

杠杆终身寿险：高性价比产品。选择性价比较高的产品。

年金险：太太选择从 55 岁开始可以领取养老金的产品。女儿选择 10 年后开始领取年金的产品。

人身险总保费约 27.46 万元，占家庭年收入的 13%，将全家人重疾、伤残风险较好地转嫁给保险公司。如果王总交费期内发生重疾，赔付后，一家三口的重疾险总保费合计 25 万元不必再交，保障继续有效。

太太的养老金和女儿的婚嫁金保险保费合计 37.7 万元，太太的养老金每年交 17.7 万元，交 10 年。女儿的婚嫁金保险每年交 20 万元，交 5 年。5 年内，每年保费占家庭年结余的 27%，第 6～10 年每年保费占家庭年结余的 13%。总保费 370 万元，在家庭可投资资产中占比 25% 左右。

王总的终身寿险，每年保费 22 万元，交 10 年，总共 220 万元，可以撬动 500 万元财富传承效果。

高净值家庭的财富传承规划

深圳的方总，48 岁，是一家私募基金公司老板，另外还投资了教育培训、信息技术等多家公司，方太太在方总投资的一家培训公司从事财务工作，两人的事业做得风生水起。

方总的儿子亮亮今年 21 岁，在英国留学，马上就大学毕业了，目前和女朋友一起在一家证券公司实习。方总有意让儿子回国之后参与公司管理，但亮亮一直没有明确表示同意。

其实，在商场摸爬滚打十几年，方总深知企业经营面临的种种风险，儿子不愿意接班也能理解。身边有些合作伙伴早已淡出商圈，甚至家人生活都受到很大影响——有的是下游企业破产导致公司资金链断裂，有的是因为借款及连带担保责任导致破产，还有的受行业周期影响，经营遇到重大困难。

方总了解到朋友李总通过保险金信托的方式，将一部分资产做了隔离，可以有效保障家人生活不受企业经营风险影响，于是也想做同样的规划。

1. 规划思路

方总的需求可以分为 3 部分。

第一是资金安全，与企业经营风险相隔离。

寿险、年金险都可以对接信托，实现资产隔离，投保人可以将持有的保单委托给信托公司持有；寿险和年金保险的身故受益金，以及年金保险的生存年金，也都可以委托给信托公司持有、打理，从而独立于其他家庭资产。

《中华人民共和国信托法》第十五条规定："信托财产与委托人未设立信托的其他财产相区别。"《全国法院民商事审判工作会议纪要》第九十五条规定："委托人将其财产委托给受托人进行管理，在信托依法设立后，该信托财产即独立于委托人未设立信托的其他固有财产。"

第二是稳健增值，不受市场环境影响。

增额终身寿险和年金险的现金价值都具备稳定增长的特性，如果购买“利益确定型”产品，每年现金价值写进合同，可以与市场利率风险隔离。

第三是保障家人生活。

寿险是死亡赔付，更适合作为保障和资产传承。寿险以方总为被保险人，主要防备方总发生身故风险，导致企业经营出现重大问题，儿子亮亮可以获得一笔与企业债务无关的受益金。

年金险是生存给付，更适合作为生活现金流的一种补充，方总在世期间也可以领取。如果企业遇到经营困难，家人可以从保险中取得足够的现金流，保持较好的生活品质。

方总选择年金险和增额寿险各一半的方案。年金险用来保障他在世期间的家庭生活品质，每年有一笔现金流进入信托账户。增额寿险作为传承用途，百年以后，身故受益金进入信托账户。进入信托账户的资金，都可以按照方总意愿分配给家人使用。

2. 产品选择

选择产品时，有 3 方面考察因素。第一，能对接信托。年金险和寿险保单都可以对接信托，但需要保险公司和信托公司之间有合作协议，目前只有部分保险公司的产品可以对接信托账户。第二，年金保险可以尽早产生现金流。根据目前监管规定，年金保险最早在第 5 年可以返还年金。第三，在同类产品中挑选利益较高的。

3. 具体方案

增额寿险和年金险总保费各为 500 万元，投保时，投保人、被保险人都是方总，受益人是儿子亮亮。投保完成，开立信托账户后，将增额寿险、年金险的投保人和受益人都变更为信托公司，从而实现彻底的资产隔离。

第一，为什么把投保人变更为信托公司？如果投保人不变更为信托公司，而是仍以方总为投保人，企业经营发生风险的话，两份保单的现金价值都会作为偿债资金，无法彻底保证保单资金的安全性。

第二，为什么把受益人变更为信托公司？增额寿险的受益人变更为信托公司，一旦被保险人方总身故，理赔金由信托公司打理，按照方总意愿，可以定期向太太、儿子亮亮发放年金，保障他们的生活品质。资金属于信托公司，不受公司经营风险影响，也不受儿子亮亮婚姻变动影响。

增额寿险身故保额不断增长，到方总 60 岁时增长到 700 万元，到 70 岁时增长到约 980 万元，到 80 岁时增长到约 1 383 万元，到 90 岁时增长到约 1 950 万元。方总寿命越长，寿险赔付越高（如表 7–17 所示）。方总可以在信托条款中规定这笔身故理赔金如何分配，亮亮以及其他家人，甚至是亮亮的子女什么时间领取，领取多少。

比如，规定方太太每月领取 3 万元作为养老费用，儿子亮亮结婚时凭结婚证领取 100 万元贺礼，生宝宝时凭出生证明领取 50 万元贺礼。

表 7–17　方总增额终身寿险保障情况

年龄（岁）	身故保额增长（元）	保单价值增长（元）
50	2 800 000	872 150
54	7 000 000	5 184 060
55	7 000 000	5 617 450
60	7 000 000	6 948 610
65	8 252 730	8 252 730
70	9 801 580	9 801 580
75	11 641 050	11 641 050
80	13 825 600	13 825 600
85	16 419 850	16 419 850

续表

年龄（岁）	身故保额增长（元）	保单价值增长（元）
90	19 500 440	19 500 440
95	23 158 190	23 158 190
100	27 500 620	27 500 620
105	32 655 100	32 655 100

注：每年交费 100 万元，交 5 年，共 500 万元。

年金保险重在每年领取年金，从方总 60 岁开始，每年领取 38.8 万元，一直领取终身，用来保障方总在世期间家庭的基本生活品质，免受公司经营风险的影响（如表 7–18 所示）。

综合来看，方总的投保方案是一个既能保障他在世期间家庭生活，也能在百年后照顾好家人，同时还能彻底隔离企业经营风险、个人连带债务风险、子女婚姻风险的稳妥、万全方案。

表 7–18　方总年金险保障情况

年龄（岁）	每年确定领取	累计领取养老金（元）	身故保险金（元）
50			2 000 000
55			5 000 000
60	从 60 岁开始，每年确定领取 38.8 万元，活多久领多久	388 000	5 258 450
65		2 328 000	5 820 000
70		4 268 000	3 880 000
75		6 208 000	1 940 000
80		8 148 000	0
85		10 088 000	0

续表

年龄（岁）	每年确定领取	累计领取养老金（元）	身故保险金（元）
90	从 60 岁开始，每年确定领取 38.8 万元，活多久领多久	12 028 000	0
95		13 968 000	0
100		15 908 000	0
105		17 848 000	0

注：每年交费 100 万元，交 5 年，共计 500 万元。

第八章

快问快答，解决用户常见困惑

投保人可以更改吗

投保人是可以更改的。

第一，更改投保人相关信息时需要投保人签字。

第二，更改投保人应由被保险人或其法定监护人、原投保人、变更后投保人签字同意，如原投保人身故、失踪或其他特殊原因导致原投保人无法亲笔签名，需要提供有关证明，如身故证明或公安局证明或法院判决书。

第三，更改投保人时应同时提供新投保人的相关信息，包括姓名、性别、身份证号码、与被保险人的关系、开户行、账号、户名、通信地址等，同时说明变更的原因。

受益人可以更改吗

受益人可以更改。

根据《保险法》第四十一条，被保险人或者投保人可以变更受益人并书面通知保险公司。保险公司收到变更受益人的书面通知后，应当在保险单或者其他保险凭证上批注，或者附贴批单。另外，变更受益人时须经被保险人同意。

保险公司拒赔怎么办

只要大家购买流程合规，做了如实告知，99% 以上的理赔都是顺畅的，99% 以上的保险公司都不会故意找茬不赔。通过看行业协会发布的理赔数据，保险行业的整体获赔率在 98% 以上。所以，拒赔是小概率事件。但假如真的发生了拒赔，并且大家依据专业知识认为应该理赔，有如下两个办法处理。

1. 向保险公司申请复议

保险公司拒赔了，大家可以提出应该理赔的理由，请保险公司重新审核。

比如明亚保险经纪公司处理的某理赔纠纷：客户邱某投保之前身体正常，投保重疾险后，等待期内体检查出甲状腺结节，一年后确诊为甲状腺癌。保险公司拒赔，理由为等待期内发病，按照保险条款不能理赔。明亚理赔负责部门及保险经纪人帮助客户向保险公司申诉：客户投保前体检报告中没有甲状腺结节，而且等待期内发现甲状腺结节，但并未诊断为甲状腺癌，应该按照合同约定予以全额赔付。最后保险公司全额理赔 40 万元。

另一个案例是一位小朋友，因高烧住院，确诊为川崎病，后身故。由于产品不含身故保障，家长按照川崎病申请理赔重疾保险金，但保险公司拒赔。按照合同条款，川崎病理赔需要“已接受了针对川崎病并发冠状动脉瘤或其他心血管异常所进行的手术治疗”，然而小朋友因为病情严重，没来得及做手术就去世了，保险公司拒赔是符合合同条款的。但后来明亚保险经纪公司经过仔细研究客户的病历,发现小朋友生前在 ICU 持续使用呼吸机 96 小时以上，并且病历显示昏迷程度为格拉斯哥评分 5 分，符合“深度昏迷”的理赔条件，于是帮客户向保险公司提出理赔复议申请，要求变更理赔项目，改为申请“深度昏迷”理赔金，获得全额赔付。

如果是由于投保人没有如实告知，导致保险拒赔，是没办法复议成功的。比如，投保前患有某严重疾病，会导致保险公司根本不能承保，但投保时没有如实告知，后面发生风险极有可能会被拒赔，因为这份保险合同本身就不成立。再如，投保前就患有肺结节，医疗险、重疾险承保时会除外肺部疾病，但是投保时没有如实告知，后确诊肺癌，重疾险、医疗险都是不能理赔的。

2. 向法院起诉

如果极个别的保险公司真的耍赖（在申诉依据充分的情况下，这种情况非常少见），那么拿起法律武器维护自己利益是最有力的方式，前提依然是大家有合法充实的依据和证据。

如果属于对保险合同条款的理解有分歧，那么按照《保险法》第三十条，应当按照通常理解予以解释。对合同条款有两种以上解释的，人民法院或者仲裁机构应当做出有利于被保险人和受益人的解释。

如果是对疾病诊断标准的理解有分歧，那么按照《健康保险管理办法》第二十三条，保险公司在健康保险产品条款中约定的疾病诊断标准应当符合通行的医学诊断标准，并考虑到医疗技术条件发展的趋势。健康保险合同生效后，被保险人根据通行的医学诊断标准被确诊疾病的，保险公司不得以该诊断标准与保险合同约定不符为理由拒绝给付保险金。

所以在购买保险阶段，绝不是买个产品那么简单，最好还是有专业服务人员帮助做好两件事：第一，买保险时做到投保合规，做好如实告知。如果确实不符合购买条件，就不要抱着侥幸心理或者贪便宜心理去购买。比如，一个人要买一款网络售卖的医疗险，他有肝部疾病，问卷里有提问，但智能核保选项里没有，也没有人工核保，怎么办？别买。第二，在理赔阶段，提供专业化服务。出了纠纷或摩擦，如果有专业人员帮助申诉和争取利益，就会在很大程度上避免打官司的麻烦。

保单丢失怎么办

现在很多保险公司，特别是网络上售卖的保险，会给客户发送电子保险合同，其效力与纸质合同相同。无论是电子合同还是纸质合同，丢失后都无须慌张，保险公司存有客户信息，给保险公司打电话，按要求提供个人信息，申请补发合同即可。当然，前提是大家要知道自己都有哪些保险公司的合同。这里也提醒大家，购买保险后，一定要自己或者请保险业务员帮忙做好保单整理和存档。

保险业务员离职，会影响理赔吗

保险业务员离职不会影响理赔。第一，保险合同是当事人双方即保险公司和客户签订的，保险业务员只是销售人员，其离职并不影响保险合同的有效性，客户直接拨打保险公司客服电话也可以办理理赔。第二，保险业务员离职后，一般保险公司或保险经纪公司会指派新的业务员来接手保单服务，所以仍然有人帮助办理理赔手续等。

网上买保险靠谱吗

现在，不少保险产品在网络上售卖，甚至有些类型的保险线下产品很少。比如定期寿险、意外险，大部分产品都是网络产品，保单同样是有效的，符合合同条款的都能理赔。但是，网上买保险一定要确保流程合规，注意做好健康告知。另外，还要了解清楚如何理赔，是否有人服务等。

搬家到其他城市影响保险理赔吗

只要是继续生活在国内，所有保单都不会影响理赔，除非保险合同中明确约定只保障在某一省市发生的风险，但这样的保险产品很少。虽然不影响理赔，但建议关注以下问题。

普通医疗险：如果搬迁到新的城市，是否上了当地社保会影响保险理赔。如果当初购买医疗险时，是以“有社保”身份购买的，那么就医时必须首先使用社保报销，保险公司扣除免赔额后，才能 100% 报销剩余部分。如果就医时未使用社保结算，保险公司只能按照 60% 报销。搬到新的城市，上了当地社保，在当地就医时，才能使用社保结算，百万医疗险才能正常报销。否则，就要先办理社保的跨省结算，之后百万医疗险才能报销。

意外险医疗报销部分：部分意外险的医疗报销部分，会将某些地区的某些医院排除在外（过往这些医院可能存在协助骗保行为），要特别关注是否有自己家附近的医院。

家庭通讯地址、工作单位变化，建议及时做保全变更。现在很多保险公司都可以通过公众号变更信息，非常方便。联系你的业务员或是保险公司客服，可以获取信息变更操作步骤。

移民会影响保险理赔吗

第一，意外险、医疗险一般为一年期产品，交一年保一年，而且要求被保险人每年在中国境内居住满一定时间，比如 180 天以上才能购买。如果移民去国外生活了，一般就不能再买意外险和医疗险了。如果只是变更了国籍，但仍然生活在中国境内，部分产品仍然可以投保，并且按照保险责任理赔。

第二，重疾险、寿险等长期险种，如果移民去国外生活了，在境外发生重疾、身故风险，大家拿到的病历资料、死亡证明是国外医院提供的，也是可以在境内保险公司理赔的。我帮不少准备移民的客户做过保障规划，对保险公司进行适当选择即可。

以重疾险为例，从条款中规定的理赔资料来看，一是要提供被保险人有效的身份证件。对有效身份证件的定义是："居民身份证、港澳台居民居住证、户口簿以及中华人民共和国政府主管部门颁发或者认可的有效护照或者其他身份证明文件"，移民后，理赔时提供护照是没有问题的。二是要提供认可医院出具的医学诊断书、医疗病历、检查报告以及其他医学证明文件或司法鉴定机构出具的法医鉴定报告。"认可医院"一般指"经中华人民共和国卫生行政部门评审确定的二级或二级以上的公立医院"，如果病例资料是国外医院提供的，是不是就不能理赔呢？其实，很多保险公司的政策都会配合理赔，病历资料由大使馆进行认证并进行翻译即可。如果是英文版病历，有些保险公司甚至不需要翻译。当然，也有一些保险公司要求病人回到国内找公立医院再次确诊，不太人性化。如果确实有移民规划，最好能提前了解保险公司对境外出险的理赔政策，一般合资公司在这方面做得比较好。

另外，一旦移民，身份证件会有变化，要及时通知保险公司，对身份信息等资料进行保全变更，以免后续理赔时麻烦。

购买保险后体检发现新问题，需要告知保险公司吗

如果只是体检发现问题，不需要理赔，比如没有确诊重疾、轻症，或没有发生医疗费用，就无须通知保险公司。

但如果体检后发现问题，并且在等待期内确诊了重疾或轻症，是要通知保险公司的。如何处理，要看保险条款是如何规定的。例如，有的重疾险规定：等待期确诊轻症、重疾，都会退回保费，终止合同。而另外的重疾险则规定：

等待期确诊重疾，退回保费，终止合同；等待期确诊轻症，不赔付该种轻症，合同继续有效。

大家买保险时做健康告知，是以当时已知的身体情况为准。投保后，特别是过了等待期，大家就已经在享受保障了。买保险就是为了防范身体情况恶化，买完踏踏实实地生活就行。

但是，如果大家是新投保别的产品，新的体检问题就需要如实告知。

几十年后，通货膨胀导致保额不够用怎么办

有朋友问：现在买100万元保额重疾险，觉得还是比较管用的，但如果过了二三十年，我六七十岁了，随着通货膨胀，这100万元不够花了怎么办?其实，如果将来持续发生通货膨胀，不光是现在购买的100万元保额不够用，大家的其他资金，比如银行理财、存款等也一样会贬值。大家不买保险，把交保费的钱存在银行理财、存款里，贬值的速度也是一样的。

基于改革开放这40多年来中国的高速发展，很多人谈通货膨胀色变。1990年代，一根冰棍几分钱、一毛钱，现在一根马迭尔冰棍要十几元；1990年代初，北京一套房子只卖几万元、十几万元，而现在一套房几百万元、上千万元；1990年代，每月挣几百元，现在一线城市很多人每月挣几万元。

然而，这里面有如下两个问题。

第一，未来几十年，中国是持续过去40年的经济增速，还是会向美国等发达国家的水平靠拢？自2015年中央提出“供给侧改革”，将“发展质量”提升到“发展速度”前面，GDP增速预期也较以前下调。美国在发达国家中算是增速不错的，年均GDP增速2%～3%，年通胀率1%～3%。而日本算是发达国家中表现不好的，年均GDP增速在0～2%之间，自2000年以来，有10年是通缩，另外10年通胀水平在1%左右。

从国家经济发展的角度来看，通胀并不是坏事儿，只要不是恶性通胀。

一般来说，温和通胀意味着经济稳速发展，老百姓的生活越过越好。大家应该期望中国未来几十年仍能保持一定的通胀水平，虽然手里的资金在贬值，但每个人的收入也会逐年增长，整体财富量在增加。

至于保险的保额不够用了怎么办？保险本就不是一劳永逸的事儿。大家的保额是根据家庭收入和财富量制定的，当收入增长、财富量增加时，大家也会动态调整保额，使其与当时的收入水平相匹配，届时自然有一个比较充足的额度。

第二，大家只是拿了部分钱买保险，还持有房产、股票、基金，这些资产一般都能对抗通胀，保险还能对抗通缩。如果发生通胀，房产、股票、基金会成为财富稳定器。如果发生通缩，保险会成为财富稳定器。

总之，还是那个观点：考虑双向风险，分散投资，打造进退有度的资产组合。这是大家做资产规划时的重要原则，保险配置只是资产规划的一部分。

基于对通胀的担心，更建议大家在此时此刻配置充足的保额。如果连当下的保额都不足，将来随着温和通胀，保额只会更加不够用。

后　记

恭喜你读完了这本书，你已经比身边绝大多数朋友更懂得家庭保险规划了，甚至比很多保险业务员更专业。如果你没读完，只是翻到最后找结论，应该也不会让你失望的。这本书里的保障规划思路是重中之重，比保险产品类型的介绍更重要。所以，这里我只强调一个重点：别把买保险当成心理安慰，真用到时，“管用”才是最重要的。买保险特别忌讳的，就是“险到用时嫌不够”。

如果你没有耐心阅读每一章，建议你直接阅读第七章“家庭保障规划案例”。这些案例都提炼自我平时给客户做的规划，详细说明了每个家庭的规划思路，都是成员结构或收入情况比较典型，并且保障配置比较充足的家庭。

有些人看到案例中这些家庭拿出不少钱买保险，买的重疾险保额挺高，或是将家庭 30% 左右的资金配置在保险投资上，心理上会有点儿不适感，觉得“花”钱太多了，甚至对我这个保险从业人员产生了某种不悦的感觉，这都可以理解。华中师范大学戴建业教授说：“学会怀疑是成人的第一步，学会思考是成才的第一步。”不要让别人左右你的思想，既不要被我左右，也不要被你身边其他人左右，想想你的家庭到底需要多少保额，才能保护多年奋斗甚至两代人努力才买来的房子，才能给孩子一个确定的成长环境，才能不负自己多年的打拼？如果暂时因为保费预算有限，分步落实也可以，但要做好以后加保时总成本上升的准备。如果纯粹是因为这些案例跟自己想象的，或是跟身边其他人的配置思路不一样，那应该好好考虑一下，大家买保险到底是为了心理安慰，还是为了保障自己和家人？

给客户设计更具性价比的保险方案，是保险经纪人的重要价值之一。在巨大的风险面前，保额不足给家庭的冲击才是最大的。每一位有志于为客户提供专业服务，推动保险行业走向专业化的保险经纪人，都应该把“保额充足”作为给客户最重要的建议。

如果说过去 5 年是国人保险意识迅猛觉醒的 5 年，那么，接下来会是大家对保险“实用度”认知迅速提升的阶段。

一边做业务一边写书是很难熬的过程，写作本书是我保险从业生涯中非常重要的里程碑。创作过程中，得到了很多朋友的帮助。

首先要感谢向我咨询保险的几百个家庭客户，是他们的需求促使我不断学习，不断提升。我能在短短两年时间里成为精通保险市场的业务员，要感谢明亚保险经纪这个平台和合作的 100 多家保险公司，他们给我提供了学习进步的机会和空间，杨臣董事长和王鹏副总裁给我们树立了正确的保险观，使明亚成为保险业的一股清流。这样的氛围让我这个保险业务员有意愿、有动力做保险专业研究。

明亚杨臣董事长、王鹏副总裁，北京工商大学保险研究中心主任王绪瑾教授，同方全球人寿朱勇总经理，燕道数据科技娄道永精算师，他们都是业界资深大咖，是我的老师和前辈，对本书的指导高屋建瓴，感谢他们对本书内容的高度肯定，并给予了倾情推荐，同时感谢他们为本书提出了很多有关专业方面的修改意见，致使本书内容的表述更加准确，编写的框架和体例更加完善。

能迅速成长为资深、专业的优秀保险经纪人，要感谢我所在的明亚星火营业部总监李彦鹏、主管陈辉煌以及各位同事。他们的指导和交流，让我越来越精准地把握客户需求，能准确给出最适合的方案。

感谢中国宇航出版社的编辑白希国老师，写书跟写公众号文章是不一样的风格，前期他给了我很多修改意见，后期在编辑过程中又不辞辛劳。感谢我的助理团队，特别是助理团队主管朱冰涵，她帮我分担了很多琐碎的事务性工作，按照我的要求给客户提供了细致入微的服务，如投保操作、保单续期提醒、保单整理等，让我有足够的时间和精力从事创作。

最后也是最重要的，是感谢我的家人，是家人给了我持续奋斗的动力。我想以此书献给我的妈妈，感谢她在我创作本书的过程中毫无怨言地帮我照顾孩子。60 多岁的她，对我也像一个孩子一样呵护着。“有妈的孩子是个宝”，妈妈，愿你健康长寿。

看完本书，大家可以关注我的公众号“尹娜”。公众号持续高频更新原创文章，发布各类保险干货知识、理赔案例分析，以及从业心得、感悟。大家有任何保险方面的问题或独到见解，欢迎提出来和我讨论，大家互相学习，共同进步，一起追求更美好的生活。

尹娜

2021 年 6 月